Zeka Türüne Göre Çocuk Eğitimi

Hatice K. Ergin
Uzm. Psik. Dan. Salim KÖSE

hepsiçocuk

Hepsiçocuk yayınları Yayın No:5	Hepsiçocuk'tan Çocuk Eğitim Dizisi No:1
	Zeka Türüne Göre Çocuk Eğitimi Hatice K. Ergin Uzm. Psik. Salim KÖSE
Yayın Yönetmeni Editör Konsept Danışmanı	Muhittin Atmaca Kutay Özdil Uzm. Psikolog Salim Köse
Kapak ve İç Tasarım	ÖDÜLAJANS 0212 659 22 41 – 23 41 www.odulajans.com
Baskı – Cilt:	KİLİM Matbaası San. Tic. Ltd. Şti. Maltepe Mah. Litros Yolu Fatih San. Sit. No:12/204 Topkapı - İstanbul Tel: 0212 6129559 Faks: 0212 6130983
ISBN	978-605-0009-47-7
hepsiçocuk	Hepsiçocuk Yayınevi İstoç Tic. Merkezi 42. Ada No: 51 Mahmutbey/ İSTANBUL Tel: +90 212 659 33 40 (pbx) Faks:+90 212 659 37 79 www.hepsicocuk.com – info@hepsicocuk.com

© Hepsiçocuk Yayınevi
Bu kitabın tüm hakları anlaşmalı olarak yayınevine aittir. Kaynak göstermek suretiyle tanıtım ve alıntı yapılabilir. Bu kitap, izinsiz çoğaltılamaz, basılamaz ve değiştirilemez. Farklı biçimlerde hazırlanıp satışa sunulamaz. İnternet ortamında veya dijital ortamda dahi çoğaltılıp yayınlanamaz.

Zeka Türüne Göre Çocuk Eğitimi

Hatice K. Ergin
Uzm. Psik. Dan. Salim KÖSE

İÇİNDEKİLER

1. BÖLÜM

Çocuğumuz ve Biz 13
Çocuğumuzun Gelişimi 17

2. BÖLÜM

Yaşına Göre Çocuk Gelişimi 21
   İlk Üç Ay Bebekler 24
   3. Aydan İtibaren 26
   6. Aydan İtibaren 27
   9. Aydan İtibaren 28
   1 Yaşındaki Bebekler 29
   İki Yaşındaki Çocuk 31
   Üç Yaşındaki çocuk 32
   Dört Yaşındaki Çocuk 34
   Beş Yaşındaki Çocuk 35
   Altı Yaşındaki Çocuk 36
   Sekiz Yaşındaki Çocuk 38
   On Yaşındaki Çocuk 40
   Ergenlik Çağında Çocuklar 41

3. BÖLÜM

Duygusal Gelişimin Yönü 45

Çocuk Gelişimi ve Televizyon 52

    Televizyonun 0-3 Yaş Gurubuna Etkileri 53

    Televizyonun 4 -7 Yaş Çocuklar Üzerindeki Etkisi .55

    Televizyon ve İnternetin 7-12 Yaş Arası
Çocuklara Etkileri 57

Çocuğunuzun Gelişimi Normal Değilse... 59

Mutlaka Psikologa Başvurulacak Durumlar 62

Çocuğunuzun Öğrenme Geriliği Varsa 68

Çocuğunuz Hiperaktif mi? 75

Çocuğunuz Üstün Zekalıysa 80

    Çok Küçük Yaşlarda Düzgün Konuşma ve
Uzun Cümleler Kurma 80

    Dikkati Bir Noktaya Toplama Süresinin Uzunluğu 81

    Dikkatli Gözlem ve Merak 81

    Bilginin Çeşitliliğini Hatırlama 81

    Karmaşık Kavramları Anlama ve İlişkileri Algılama
Soyut Düşünme Yeteneği 82

    İlgi Alanlarının Çeşitliliği ve Genişliği 82

    Başkalarını ve Kendini Eleştirme Yeteneği 82

    Diğer Alanlarda Üstün Yetenekli Çocukların
Özellikleri 83

    Uzmanlar, Üstün Zekalı Çocukların Anne Babalarına
Şu Önerilerde Bulunuyor 83

4. BÖLÜM

Çocuğunuz Hangi Zeka Türüne Sahip? 87

Bedensel Zeka 90

    Çocuğunuzun Bedensel Zekasını Geliştirmek İçin .92
Müzik Zekası 95
    Çocuk ve Müzik 97
Dilsel Zeka 100
    Okuma Zevki Kazandırmak 102
Doğa Zekası 106
    Çocuk ve Doğal Çevre Bilinci 108
Görsel veya Alansal Zeka 111
    Çocuk ve Resim 113
Matematiksel - Mantıksal Zeka 117
    Çocuğumuza Matematiği Sevdirmek 119
Sosyal Zeka 123
    Çocuklarımızın Sosyal Becerileri 125
İçsel Zeka 127
    İçsel Zeka Nasıl Geliştirilir? 129
Mistik Zeka 131
    Çocuğumuz ve Metafizik 135
Farklı Zeka Türleri 138
    Bir Alanda Üstün Zekaya Sahip Çocukların Eğitimi 140
Çocukların Oyuncak Seçimine Göre Zeka Tipi 145

5. BÖLÜM

Çocuğumuzun Karakteri 151
    Dışa Dönük Çocuklar 154
    İçe Dönük Çocuklar 155
    Duyusal Çocuklar 156
    Sezgisel Çocuklar 157
    Düşünsel Çocuklar 158
    Duygusal Çocuklar 159
    Yargısal Çocuklar 160
    Algısal Çocuklar 161

6. BÖLÜM

Duygusal Zekânın Bileşenleri 163
   Duygusal Zeka Nasıl Geliştirilebilir? 168
   Duygularımızın Farkında Olmak 170
   Kendimizi Yönetebilmek 171
   Kendimizi Motive Edebilmek 173
   Empati 174
   İletişim Becerisi 176
   Sosyal Yetkinlik 181
Çocuğunuzun Duyguları 182
Kendisi İle Barışık Olan Birey Nasıldır? 184

7. BÖLÜM

Anne Babanın Tutumu 189
Aşırı Hoşgörülü Anne 192
Aşırı Disiplinli ve Otoriter Anne 193
Korkulu-Kaygılı Anne 194
Aşırı Koruyucu Anne 196
Aşırı Rahat Yönelimli Anne 197
Aşırı Otoriter Baba 199
Sorumluluk Duygusu Gelişmemiş Baba 201
Mükemmeliyetçi Baba 202
Aşırı hoşgörülü Baba 203
Aşırı koruyucu Baba 204
Duygu cimrisiBaba 204

8. BÖLÜM

Zeka Oyunları 205

Hatice K. ERGİN

1973 yılında Konya'da doğdu. İlk, orta ve yüksek öğrenimini İstanbul'da tamamladı.

Kişilik tahlili konusuna olan özel ilgisi nedeniyle başta astroloji olmak üzere karakter ilimleri araştırmasına yöneldi.

Felsefe, eğitim ve geleneksel ilimler hakkında yerli ve yabancı eserleri araştırdı.

Dokuz yıldır çeşitler yayınlar üzerindeki hazırlık çalışmaları devam etmektedir.

Halen astroloji, sembolizm, çocuk psikolojisi ve eğitimi araştırmalarını sürdürmektedir.

Yazar, çeşitli vakıf ve derneklerde bu konularla ilgili seminerlere katılmış ve makaleleri dergilerde yayınlanmaktadır.

Yazar, evli ve iki çocuk annesidir.

Yazarın Yayınlanmış Kitapları:

Zeka Türlerine Göre Çocuk Eğitimi
Burçlara Göre Çocuk Eğitimi
Burçlara Göre Kişisel Gelişim
Genç Kız Psikolojisi

Salim KÖSE

1976 yılı sonbaharında 17 Eylül günü Kastamonu'nun Pınarbaşı ilçesine bağlı Çamkışla köyünde bir çiftçi oğlu olarak hayatla tanıştı. İlkokulu Karabük'te, ortaokul ve lise yılları ise memleketi Pınarbaşı'nda geçti. Ortaokul ve liseyi birincilikle biterdi. (1989-1994).

19 Mayıs Üniversitesi Eğitim Fakültesi Psikolojik Danışmanlık ve Rehberlik bölümüne yerleşti ve okuldan iyi bir derece ile mezun oldu. Uzun bir süre Mili Eğitim Bakanlığı'na bağlı olarak öğretmen olarak görev yaptı. 2003 yılında Bingöl depreminde Psikolojik Danışman olarak görev yaptı. Halen özel bir eğitim kurumunda uzman psikolojik rehber danışman olarak çalışmaya devam etmektedir.

Yazar bir çok kitap çalışmasında danışman olarak bulunmuştur. Yakında yayınlanacak kitap çalışmaları bulunmaktadır.

ÖNSÖZ

VAZGEÇİRME YÖNTEMİ

Yaşlı bir adam emekliye ayrılır ve kendine bir lisenin yanında küçük bir ev alır. Emekliliğinin ilk bir kaç haftasını huzur içinde geçirir. Ders yılının başladığı, okulların açıldığı ilk gün, dersten çıkan öğrenciler yollarının üzerindeki her çöp bidonunu tekmeleyip bağıra çağıra geçer giderler. Bu çekilmez gürültü günler sürer ve yaşlı adam bir önlem almaya karar verir.

Ertesi gün çocuklar gürültüyle evine doğru yaklaşırken kapısının önüne çıkar onları durdurup şöyle der:

Çok tatlı çocuklarsınız, çok da eğleniyorsunuz. Bu neşenizi sürdürmenizi istiyorum sizden. Ben de sizlerin yasındayken aynı şekilde gürültüler çıkarmaktan hoşlanırdım, bana gençliğimi hatırlatıyorsunuz. Eğer her gün buradan geçer ve gürültü yaparsanız size her gün 1 Dolar vereceğim.

Bu teklif çocukların çok hoşuna gider ve gürültüyü sürdürürler. Birkaç gün sonra yaşlı adam yine çocukların önüne çıkar ve onlara söyle der:

Çocuklar enflasyon beni de etkilemeye başladı. Bundan böyle size sadece 50 sent verebilirim.

Çocuklar pek hoşlanmazlar ama yine devam ederler gürültüye. Aradan birkaç gün daha geçer ve yaşlı adam yine karşılar onları:

Bakın gençler, henüz maaşımı alamadım, bu yüzden size günde ancak 25 sent verebilirim, tamam mı?

"Olanaksız bayım!" der içlerinden biri. Ve devam eder sözüne:

Günde 25 sent için bu isi yapacağımızı sanıyorsanız, yanılıyorsunuz. Biz işi bırakıyoruz.

Usul esasa mukaddemdir.

21. yy hızlı değişme ve gelişme çağı. Bu değişim ve gelişmelerden insanlar da nasibini alıyor. Bilim her geçen gün ilerliyor ve kendini yeniliyor. Buna bağlı olarak da insana yaklaşımda yeni yöntem ve değerler ortaya konuyor.

21.yy bir yandan hızlı değişim ve gelişimlerin olduğu bir çağ iken diğer taraftan insanlarda en fazla ahlaki erozyonun da olduğu bir zaman dilimi. Ahlaki çöküntü en üst düzeye ulaşmış; hırsızlık saldırganlık terör, sosyal ilişkilerdeki benmerkezcilik almış başını gidiyor.

Durum bu minval üzere olunca hızlı teknolojik gelişmeler

olayın vahametini daha da artırıyor. Hal böyle olunca karşımıza iki seçenek çıkıyor:
a) Ya bilimsel gelişmeleri durdurmak,
b) Ya da insanları eğitmektir.

Bilimsel gelişmelerin durması demek insanlığın sükûtu demektir. İkinci seçenek zaruret olarak tercih edilecek.

'Usul esasa mukaddemdir' der eskiler. Yani sinekleri öldürmektense köklü bir çözüm bulup bataklığı kurutmak daha doğru olur.

Ahlakın değişmez iki temel ölçütü vardır:
1. İnsanın hemcinsine ve çevresine zarar vermemesi,
2. İnsan yapısının dikkate alınarak eğitilmesi.

Madem ki huzurlu bir toplum için insanları eğitmek zaruridir. Ve mademki ahlaklı nesiller için de insanların fıtratlarına uygun eğitilmesi elzemdir. Sevgili anne-babalara bu noktada çok büyük görevler düşüyor. Çünkü anne-baba olmak demek; mutlu, aklı başında, sağlıklı, sağlam karakterli nesiller yetiştirmek için bilimin çocuk psikolojisi konusundaki bütün verilerinden şefkatli, sevecen, sabırlı bir tavır içinde yararlanmak demektir.

Çocuk eğitimi; sabır ve şefkat isteyen bir mesele. Çocuk eğitimi demek; gelecek inşa etmektir. Bir milletin gelenek göreneklerini yaşatmaktır. İlerlemek, yükselmektir. Sağlıklı, huzurlu, kendiyle barışık, kendine ve çevresine iyi davranan fertler yetiştirmektir. Sağlam karakterli insanlar yetiştirmektir.

Ve yine 'usul esasa mukaddem' ise çocuk eğitiminde fıtratları bozmadan gerekli müdahaleyi yapmak çok önemlidir. Buradan hareketle çocukları kendi yetenek ve zekâları doğrultusunda terbiye etmenin ne derece akıllıca bir yol olduğu aşikârdır.

İşte bu düşünce ile çoklu zekâ kuramından hareketle ortaya konulan bu çalışma

Annelere, babalara, anne-baba adaylarına, öğretmenlere, psikolojik danışmanlara, anaokulu öğretmenlerine rehberlik edecek değerli bir çalışmadır.

Çocuklarını ve öğrencilerini başarılı ve sağlıklı nesiller olarak yetiştirmek isteyen herkese için bir başvuru kaynağıdır.

Hatice Hanım'ı bu çalışmasından dolayı tebrik eder, okuyucularımıza bol istifadeler temenni ederim.

Salim KÖSE
Uzman Psikolojik Danışman

1. Bölüm

Çocuğumuz ve Biz

*Çocuklar donmamış beton gibidir,
üzerine ne düşse iz bırakır.*

Haim Jinott

> Çocuklar, hayat piyangosunun çok pahalı alınmış biletleridir. Bu bilete büyük ikramiye vurması ya da boş çıkması sizin elinizdedir.

Her zaman tekrarladığımız bir gerçek vardır, o da çocuk yetiştirmenin yetişkinlerin en büyük, en önemli ve en kutsal görevi olduğu...

Hepimiz biliyoruz ki, gerek kendi ülkemizin, gerekse insanlığın geleceği bu çok önemli görevi ne kadar iyi yaptığımızla şekillenecek. Çocuklarımızın hem mutlu olması hem de mutluluk veren kişiler olması bizim onları nasıl yetiştireceğimize bağlı...

Geleceği şu anda yetiştirdiğimiz küçük insanlar kuracak. Öyleyse geleceği biz anne babalar kuruyoruz...

Çocuk sahibi olmak ve onu hayata hazırlamak aynı zamanda hayatımızın anlamı...

Şu dünyadan ayrılıp giderken arkamızda bıraktığımız çocuk, belki de bizim en büyük gururumuz ya da en azından tesellimiz olacak...

Çocuk yetiştirmek hem çok önemli, hem çok zevkli bir görevdir. Bunun yanında çocuk yetiştirmenin akla gelmeyen zorlukları da vardır. Hatta diyebiliriz ki, insan yavrusunu eğitmek, en zor ve en incelikli sanattır.

Her şeyden önce o bizden bağımsız bir bireydir, farklı bir insandır. Onun üzerinde ne kadar emeğimiz ve çabamız olsa da onun tamamen kendine özgü bir kişiliği olacaktır. Kendine ait bir iç dünyası, duyguları, istekleri, tercihleri olacaktır.

Önceleri bizim gözetimimiz altında olan çocuğumuz gittikçe bizden uzaklaşacak, bağımsızlığını kazanacaktır. Kendi çevresini seçmeye başladıkça artık kontrolümüzden tamamen çıkmış olacaktır. Bu nedenle yetişkinler olarak çocuklarımız veya öğrencilerimiz üzerinde ancak küçük bir rolümüz olacağını biliyoruz. Hatta diyebiliriz ki bir anne babanın çocuğunun kişiliğine olan en önemli etkisi küçük yaşlarda gerçekleşecektir.

Çocuk arkadaş çevresine karıştıkça artık kendi seçimlerini yaşamaya başlayacak ve kişiliğini sergileyecektir. Bu nedenle bizim onlara verebileceğimiz en faydalı eğitim, onun kişiliğinin çok güçlü ve sağlam olmasını sağlayacak türde bir eğitim olabilir. Çocuğumuz ne kadar sağlam öz değerlere sahip olursa ve kişiliği ne kadar güçlü olursa o kadar doğru seçimler yapar ve kötü tesirlere karşı koyabilir.

Çocuklarımızı her zaman korumamız kollamamız mümkün olmayacaktır. Ama onları kendini koruyabilecek şekilde yetiştirmemiz mümkündür. Onları kötü örneklerden ve olumsuz tesirleri olan çevreden her zaman uzak tutamayabiliriz. Ama onları yüksek değerlerle donatabilirsek onlar iyiyi kötüden ayırt edebilecek bir şuura sahip olabilirler.

Çocuğumuzun Gelişimi

Mutlu çocuk! Beşik ne büyük geliyor sana; büyü de bakalım dünyaya sığabilecek misin?

Anne babaların çok iyi bildiği bir gerçek vardır; her çocuk ayrı bir dünyadır. Daha doğacak çocuk anne karnında iken anne babaların kafasında birçok soru işareti oluşur. Kız mı erkek mi olacak? Sağlıklı doğup büyüyecek mi? Okul başarısı iyi olacak mı? Nasıl bir mesleği, konumu olacak? Hayatta başarılı olacak mı?

Ve hepsinden önemlisi şudur aslında; "çocuğumuz nasıl bir insan olacak?"

İnsanlara yararlı mı yoksa zararlı mı olacak? Huzurlu ve huzur veren biri mi olacak, kendisi gibi başkalarını da mutsuz ve sıkıntılı bir hale getirecek biri mi olacak?

Ruh dengesi, huyu ve kişiliği nasıl olacak? Sorumlu ve iyiliksever mi yoksa benmerkezci ve huysuz biri mi olacak? Sevecek, sevilecek ve mutlu olacak biri mi, yoksa kuşku ve nefret dolu, düşmanı dostundan çok olan biri mi?

Bütün bu soruların cevabı, aslında çocuğumuzun

cinsiyetinden, güzelliğinden ve başarısından çok daha önemlidir.

Çünkü toplumda her çeşit insana ihtiyaç vardır, herkes kendi işini iyi yaptığı ölçüde başarılıdır. İyi ve faydalı bir insan, konumu ne olursa olsun, sevilir, sayılır. Hele de huyu ve kişiliği düzgün ve dengeli ise.

Sevilen ve saygı duyulan bir insan, mutludur. Mutlu insan başarısını sürdürebilen ve tadını çıkarabilen insandır. Zaten mutlu olmak şu geçici dünyanın en büyük başarısıdır.

Çocuklarımızın mutlu olması, kendileriyle barışık olmasında bizim onları kişiliğini kabul etmemizin büyük önemi vardır. Anne babası tarafından anlaşılan ve onaylanan bir çocuk, kendine güven ve saygı duyar. Kendisini sever, kendisini korur, geliştirir. Kendine duyduğu güven nedeniyle insanlar hakkında kuşku ve nefret değil, sevgi ve saygı hisleri besler. Bu nedenle anne babaların çocuklarının kişiliğini tanıyarak onları anlamaları hayata güzel bir başlangıç yapmalarında büyük öneme sahiptir.

Bunun yanında her çocuğun geliştirilmeye elverişli yetenekleri vardır. Bunların farkında olmak, onu doğru şekilde yönlendirmek ve kişiliğini geliştirmesine katkıda bulunmak için çok yararlı olacaktır. Her insanın temel bir yapısı ve buna bağlı bazı problemleri de vardır. Bunların küçük yaştan itibaren fark edilip düzeltilmesi de yine çocuklarımızın eğitiminin en önemli unsuru olacaktır.

Günümüz dünyasında bireylerin kendini geliştirmesi için çok geniş imkanlar olduğu gibi, büyük bir rekabet de vardır. Eğitim ve iş hayatı, kendisini erken tanımış ve geliştirmiş kişilere avantajlar sağlamaktadır. Eğitim ve meslek alanında başarı, aile kurma ve mutluluğu yakalama konusunda da etkili olmaktadır.

Günümüzde başarı, mutluluk ve maddi- manevi gelişim birbirini sürüklediği gibi, tam tersi de mümkün olabilmektedir. Hayata üst üste yapılan hatalarla başlamak, peş peşe hayal kırıklıkları ve kayıplar getirebilmektedir. Bu durum ise gençleri psikolojik problemlere, kötü alışkanlıklara ve pişman olacakları davranışlara itebilmektedir. Ne yazık ki günümüzde çocuk ve gençlerin büyük felaketlere sürüklenmelerine mani olabilmek çok zordur.

Bütün bunları göz önüne alınca diyebiliriz ki, çağımızda çocuk ve gençlerimizi, en büyük imkânlarla birlikte en büyük riskler de beklemektedir. Modern dünyada yaşam şartları, adeta ekstrem bir spor dalı gibi, zorlu ve çok tehlikeli bir yarışa dönüşmüştür. Çocuklarımızın böyle zorlu bir yarışa avantajlı başlamaları için, kişiliklerine en uygun ve en güzel şekilde eğitmeleri büyük önem kazanmaktadır.

Ancak elbette çocukları mükemmel yetiştirme görevini tam ve eksiksiz olarak yapmanın bazı zorlukları vardır. Ne de olsa her çocuğun temel bir eğilimi ve mizacı vardır. Bu eğilimden kaynaklanan bazı davranış problemleri olabilmektedir. Ancak anne baba çocuğunun mizacını tanırsa ona en doğru tutumu takınması mümkün olabilir.

Aile içi eğitimde anne babanın karakteri de büyük önem taşımaktadır. Eğer anne baba kendisini çok iyi tanımış ve eğitmişse, böylece bilinçli bir şekilde doğru davranışları benimsemişse, çocuklarının kişiliğini olumlu yönde etkileyebilir.

Çocuklarla iletişim ve çocuk eğitimi söz konusu olduğunda; herkes için geçerli genel tavsiyeler yanında çocuğun durumuna özel tavsiyeler de gerekli olacaktır. Çünkü her çocuğun ayrı bir fiziksel yapısı, kişiliği, psiko sosyal özellikleri, anlayışı, duygusal yapısı, zeka kapasitesi ve ruhsal eğilimi bulunmaktadır.

Biz bu kitabımızda çocuklarının karakterlerine uygun davranışı benimsemek isteyen anne baba veya bakıcı, öğretmen gibi kişilere yardımcı olmayı istedik.

2. Bölüm

Yaşına Göre Çocuk Gelişimi

Çocuk mantığın uykusudur..
ROUSSEAU

> *Çocukları duymayınız, görünüz.*
>
> İNGİLİZ ATASÖZÜ

İnsanoğlu hayatı boyunca farklı gelişme dönemleri yaşar. Bu dönemlerin her birinin kendine özgü psikolojik ve fizyolojik özellikleri vardır. Gelişme, hayatın ilk yıllarında daha belirgin, daha hızlı ve süreklidir.

Gelişme hayat boyu süren ve yaşam süreci içinde meydana gelen düzenli değişiklikler biçiminde tanımlanabilir. Ancak özellikle doğumdan başlayan, bebeklikten yetişkinliğe kadar olan döneme gelişim diyoruz. Orta yaş ve daha sonraki gelişim, daha çok sosyal alanda ve manevi niteliktedir. Bu gelişim, kişinin kendi öz kontrolü altındadır. Bebeklik ve çocukluk dönemi ise, anne baba ve öğretmen desteğiyle geçirilen bir dönemdir.

Hemen her anne-babanın çocuklarını daha iyi tanıma ihtiyacı duydukları bilinmektedir. Çocuk ve gençleri daha iyi tanımak ise onların içinde bulundukları gelişme döneminin özelliklerinin bilinmesini gerektirmektedir.

Çünkü eğitim için zamanlama çok önemlidir. Bir çocuk, yaşıtlarıyla uyumlu bir eğitim imkanına sahip olmazsa, onlardan geri kalır, kendini dışlanmış hisseder. Yine bir çocuğu henüz çok erken bir çağda yapamayacağı bir şeye zorlamak, onun hem ailesine hem kendine duyduğu güvenini sarsar. Bunun için çocuklara tam yaşlarına uygun bir şekilde eğitim vermek gerekir.

Gelişme dönemleri her insan için aynı olmasına rağmen, bu dönemlerin psiko sosyal şartları farklıdır. Bunun yanında çocuğa mahsus fiziksel ve ruhsal özelliklerin gelişimi, her çocuk için farklı yaşlarda ve farklı düzeylerde gözlemlenebilir. Bireysel ve çevresel farklılıkların gelişme sürecinde belli bir rol oynadığını dikkate almalıdır. Bu nedenle yaş grupları içinde belirtilen özellikler, katı bir zaman tablosu olarak değerlendirilmemelidir.

Kronolojik yaş sınırları sadece o yaşta gözlenebilecek özellikler hakkında bilgiler vermektedir. Kişisel farklılıklar nedeniyle, çeşitli gelişim özellikleri ve davranışların, bazı çocuklarda burada belirtilen yaştan daha önce veya daha sonra görülebileceği unutulmamalıdır. Ufak tefek farklılıklar olsa da her çocuğun aynı gelişim sürecini yaşadığını görmek mümkündür.

İlk Üç Ay Bebekler

Yeni doğan bebeğin davranışlarına, onun hareket etmesini sağlayan refleksler hakimdir. Emme, yutma, öksürme gibi refleksleri yaşamı sürdürmesine yardımcıdır. Bebek zihinsel düşünme veya anlama manasında düşünmez ve bilmez. Çevresini duyu ve hareket eylemleriyle düzenler ve bilir. Çevresi ile aktif etkileşimi vardır ve çeşitli deneyler yaparak gelişir.

Bebek 0-4 aylar arasında, görme alanında olan nesneleri gözleriyle takip etmeye başlar. Çocuğun ilk sosyal etkileşimi doğduktan hemen sonra başlar. İlk fiziksel temasını meme emmeyle birlikte anneyle yaşar. Zaman zaman bakışınızı yakalayıp size bakabilir. Bu durumda ona bakarak, gülümseyerek, başınızı sallayarak yanıt vermeye çalışın.

Bebekler bulanık görür. 20-25 cm mesafeyi seçebildiği için onu tutanı çok rahat görebilir. Henüz başını kaldıramaz, yatarken dönemez ve oturamaz. Sakin olduğu kısa dönemler olacaktır; bu dönemlerde ona şarkı söyleyin, konuşun, evde gezinin.

Doğumdan sonraki haftalarda, duygusal ifadelerinin belirtileri görülür; çocuk yüzlere seçerek dikkat eder, bazılarına ilgi göstermez. Yavaş yavaş başını tutmaya başlar, karın üstü yattığında başını sağa-sola çevirebilir.

Agu, kumru sesi, mırıldanma gibi sesler çıkarmayı dener. Kısa süreli izleyebilir, yakın tutunca dikkatle bakabilir. Sizi tanıdığını belli edebilir. Sesinizi duyunca sakinleşebilir. El ve ayaklarının farkına varmaya başlar.

3. Aydan İtibaren

Bebek, 3 ay içinde kucağınıza aldığınızda kafasını dik tutabilmeye ve hareket eden şeyleri izlemeye başlar. 3-4. aydan itibaren destekle oturabilirler. Refleksleri yavaş yavaş azalmaya başlar ve istemli kontrol gelişir.

Etrafıyla ilgilenmeye başlar, yatmak değil oturmak ya da dolaştırılmak ister. Karnının üstüne yattığında elleriyle itip minik emeklemeler yapar. Uzanıp cisimleri iki eliyle kavrar, biraz inceleyip sonra ağzına götürür. Kendi kendine oynayabilir.

Tek heceler 5. aylarda çıkmaya başlayabilir, ancak anlamlı değildir. 4-8 ay arasında hecelemeye başlarlar. Bebeğinizle konuşmanız duygusal gelişimi için faydalı olacaktır.

Bebeğinizin kişiliği belirginleşmeye başlar. Size tüm yüzü ve vücuduyla yanıt vermesi yakındır. İnsan sesi duyduğunda başını sesi duyduğu yöne çevirir ve gülümsemeye gülümseyerek yanıt verir.

Çocuk büyüdükçe tepkileri farklılaşmaya başlar; sözlü tepkiler artar, motor tepkiler azalır.

6. Aydan İtibaren

6 aylık bebekler nesnelere uzanabilir, onları kavrar ve ağzına götürebilir. 4-8 aylar arasında mimik ve hareketleri taklit etmeye başlar. 8-12 aylar arasında tanıdık yüzleri ve yabancıları ayırt etmeye başlar.

Dış dünyadan çok kendi bedenini merak eder ve bedeniyle ilgilenir.

Artık her şeyi görüp izleyebilir. Destekle oturabilir. Eğer ek gıdalara geçtiyseniz kaşıkla beslenmeyi bebek otururken yapmalısınız.

Her iki yöne de dönebilir. Yüzükoyun yatarken poposunu havaya kaldırmaya bile çalışabilir.

Bir eliyle kavradığı cismi diğer eline geçirebilir, iki saplı bir bardaktan yardımınızla su içebilir. Cisimleri birbirine vurur, ellerini birleştirir, oyuncağını tek eliyle tutabilir.

Sesli güler, çığlıklar atar. Bebeğiniz artık eğlenmeye başlar. Sizinle saklambaç oynayabilir. Emme, baloncuklar çıkarma, yalama; konuşma öncesi hareketlerdir.

Aynada, arkasında sizi görürse, arkasına bakıp sizi arayabilir.

9. Aydan İtibaren

Bebekler 9. aydan itibaren ayağa kalkmak için kendilerini çekmeye başlarlar. Bebeğiniz bu dönemde eşyaları, kaplara koyup çıkarabilir.

Bu yaştaki bir bebek, hareket etmenin verdiği özgürlük duygusu ile emekleyerek veya iki ayak üzerinde, hareket etmek, ulaşmaması gereken şeyleri almak ister.

Bazı 9 aylıklar, destekle birkaç adım bile atabilir. Bebeğiniz ayrıca, dizlerini kırarak eğilmeyi ve ayakta durduktan sonra tekrar oturabilmeyi öğrenir. Bu yaşta, belki de merdivenleri emekleyerek çıkabilir ve eşyalara tutunarak hareket edebilir.

Oda içinde sürünerek, emekleyerek, eşyalara tutunup sıralayarak dolaşmaya başlarlar.

Bir oyuncağını uzaklaştırırsanız, gittikçe daha çok kendine güvenen bebeğiniz buna karşı çıkacaktır. Aslında artık kendi istek ve ihtiyaçlarını belirtmeyi öğrenmeye başlıyor.

Ses çıkarmak için bir şeyleri birbirine vurmaya bayılırlar. 'Baba', 'mama' gibi sesler çıkarmaya başlarlar. El çırpma oyunlarına katılır, sarılmalarla sevgi gösterir.

Problem çözme yeteneği gelişir ve şimdi şeffaf bir

kabın içinde gördüğü oyuncağı almak için direkt uğraşmak yerine kapağını açmayı dener.

9. aydan itibaren çocukta anneden ayrılma kaygısı başlar. Başkaları kucağına alınca korku gösterebilir. Dikkati çekmek için bağırır.

Öfke sık rastlanan bir heyecan türüdür. Çocuk, öfkelenince dikkati üzerine çekebileceğini ve istediğinin yapılacağını öğrenerek bu tepkiyi kullanmaya başlar. Bu tepki yaşla birlikte artış gösterir.

8-12 aylar arasında ilk anlamlı kelimeler söyleniyor.

Kelimeleri kullanmasa da, onları anlar. Kelimelerinizden çok, tonlamanızdan anlam çıkarır. Onunla ne kadar çok konuşursanız o kadar çabuk iletişim yeteneklerini geliştirir.

1 Yaşındaki Bebekler

Kendi başına ilk adımlarını atabilir. Ancak birkaç denemeden sonra birkaç hafta veya ay bir daha yürümeyi denemeyebilir. Bunun için endişelenmeyin.

Çoğu çocuk bu ilk adımlarını parmak ucunda, ayakları dışa dönük olarak yapar. Bebekler ortalama bir yaşında yürürler, 14-16 aylar arasında koşmaya başlar.

Kaşık kullanarak, her ne kadar ağzını ıskalasa da kendini beslemeye çalışabilir. Bardaktan su içebilirler.

Her şeyi itmenin, fırlatmanın ve yere çarpmanın çok eğlenceli olduğunu düşünür. Oyuncağını size verir, geri alır. Oyuncakları bir kaba doldurur, boşaltır.

Bir yaşından itibaren tek tek kelimelerle konuşmaya başlar, basit yönergelere uyabilir. Fakat bir yaş civarında bebek enerjisini yürümeye verdiği için dil gelişimi, bebek yürüyene kadar yavaş gidiyor.

Bir buçuk yaşından itibaren iki kelimelik cümleler kurmaya, basit cümlelerle isteklerini söylemeye başlar.

On beşinci aydan itibaren eğilip yerden bir cismi rahatça alır. Parmağıyla işaret eder, vücut kısımlarını bilebilir. Çizgi çizebilir. Üst üste 2 küp koyabilir.

Nesneleri istediği amaçlara ulaşmak için araç olarak kullanmayı denemeye başlar. Bir-iki yaş arasında renkleri tanıma, ayırt etme ve ortak özellikleri fark etmeye başlar.

Çocuğunuz yeni şeyleri kurcalamaktan, araştırmaktan zevk alır. Yeri süpürmek, silmek, çamaşır yıkamak gibi aktiviteleri taklit edecektir.

Uyduruk bir dille konuşabilir. Müziğe duyarlı olmaya, müzik çalınınca hareket etmeye başlar.

Onsekiz aydan itibaren koşabilir, topa vurabilir. İki basamaklı bir komutu yerine getirebilir. Hafızası gelişmeye başlar.

Vücut kısımlarını bilir. 5-10 kelimesi olabilir. İsteklerini belirtebilir.

3-4 küple kule yapabilir. Anahtarları, düğmeleri çevirebilir. Saçını tutmak, sallanmak, parmak emmek gibi kendini rahatlatıcı bazı alışkanlıkları oluşabilir.

Bir buçuk- iki yaşlarında altının ıslandığını haber vermeye başlar. Meraklı bir şekilde çevreyi keşfeder.

İki yaşına kadarki dönemde, baş ve işaret parmaklarıyla ufak nesneleri tutup kaldırabilir, avuç kavraması ile kalem tutabilir.

İki Yaşındaki Çocuk

Bu dönemde çocuklar sürekli hareket halindedir. Gece uykuya yatırmak zorlaşabilir. Koşar ve tırmanır. Tek başına merdiven iner ve çıkar. Rastgele çizgiler çizerken artık kontrollü çizmeye başlar.

İki- üç yaşlar arasında genellikle büyük kaslarını kullanmayı gerektiren etkinliklerle ilgilenir. Eşyaları çekip itme, yerden kaldırma ve taşıma ile uğraşır.

Oldukça gerçekçi taklitler yapar. Kardeşleriyle daha fazla ilgilenir. Cinsiyetini bilir. Hayali bir oyun arkadaşı yaratabilir. Diğer çocuklarla birlikte olmak ister ama onlarla oyun oynamaz.

Paylaşmayı sevmez. Her şeyi 'benim' diye sahiplenir. Diğer çocukları tırmalayabilir, ısırabilir, vurabilir veya itebilir.

Kolay sinirlenir ve çok sabırsızdır. Bağırıp çağırır,

yumruklar atar. Kendi istediklerini yapmak ister. Günlük düzen bozulunca sinirlenir.

Konuşmaya ilgisi artmıştır. Çocuk dili kullanır. 3-5 kelimeli cümleler kurar. Konuşabildiğinden daha fazla sayıda kelimenin anlamını bilir.

İki-üç yaş arasında sorular sormaya ve basit sorulara cevap vermeye başlar. Konuşması anlaşılır olmaya başlar. Sorulunca ismini söyler.

İkinci yıldaki özellikle motor yetenekler ve dil gelişimindeki hızlı değişim nedeniyle çocuk bağımsızlaşır. Sosyal tepkileri gelişmeye başlar; utanma, otoritenin kabulü, taklit, rekabet, işbirliği gibi. Kendi işini kendi yapar. İkna etmek giderek zorlaşır.

İki yaşının sonuna doğru diğer çocuklarla evcilik gibi oyunlar oynamaya başlar. Kendi başına da oyun oynayabilir, bağımsızlık gösterir.

İki-üç yaş arasında ufak eşyalardan oyuncaklar yapmaya başlar.

Üç Yaşındaki Çocuk

Kendi kendine yardımsız yemek yiyebilir. Zıplar, koşar, parmak ucuna basarak yürür. Üç tekerlekli bisiklet sürebilir. Kendi soyunabilir, ancak giyinmek için yardıma ihtiyacı vardır.

Pastel boyaları daha iyi kullanır.

Bu dönemde çocuk cinsiyetine göre ya anne ya babasını örnek almaya başlar. Aile büyüklerinden onay almak ister.

Bu dönem çocuğu yasakları dener, sınırları test eder. Kararlı olunursa kuralları anlar.

Sıklıkla yalnız oynamayı tercih eder. Hayali bir oyun arkadaşı olabilir. Diğer çocuklarla oyunlar kurmaya başlar. Oyunda sırasını bilir.

Manalı konuşur, telefona cevap verebilir.

Bu dönem çocuğu daha sakin ve uyumludur. İkinci yaşında sonuna doğru yaşadığı benlik mücadelesini bir şekilde atlatmıştır.

Bazen ağlama ve tutturmaları olabilir. Yabancı olduğu nesne ve faaliyetlerden korkabilir. Bazen bebek gibi davranabilir.

Rüyaları hakkında konuşmaya başlayabilir.

Bu yaşın çocuğu yaşını, adını, soyadını, oturduğu semti öğrenebilir. Yaklaşık 1.000 kelimeyi anlar ve konuşabilir.

Bazı gramer prensiplerini kavrar. Bazı hikayeleri tekrar tekrar dinlemekten hoşlanır. Anlatması istendiğinde anlatabilir.

Bazı basit sorumluluklar üstlenebilir. Mesela babasına terliklerini, kumandayı uzatabilir.

Merak edip sorular sorar. Ancak dikkat süresi birkaç dakikadan uzun değildir.

Dört Yaşındaki Çocuk

Sıçrama, koşma, tırmanma yeteneği artar. Ama sakardır.

Bağırmaktan hoşlanır, beklenmedik seslerden korkar.

Kendi kendine tuvalet ihtiyacını karşılayabilir. Kendi giyinir, soyunur, fermuarını çeker. Yetişkinlerin aktivitelerini taklit eder.

Bildiği nesnelerin resmini çizer. 20 dakika süreyle televizyon seyredebilir.

Tepkinizi görmek için yasakları dener, mesela argo sözler kullanır. Son karar için ailesine danışmayı öğrenmiştir.

Bu dönem çocuğu gruplaşmaya hazırdır.

Zihinsel olarak daha da gelişmiştir. Yaklaşık 1.500-2.000kelime bilir;4-5 kelimeli cümleler kurar. Eğlenceli, abartılı hikayelerden hoşlanır.

Ona kadar sayabilir; bazı şekilleri tanır. Bazı zaman kavramlarını anlamaya başlar. (dün,bugün,yarın) Sürekli 'neden' diye sorar.

Yardımsız oyuncaklarını toplar. Basit işlerde yardım etmeyi sever. Doğru ve yanlış arasındaki farkı anlamaya başlar. Hayal ile gerçek hayatı ayırma yeteneği gelişir.

Beş Yaşındaki Çocuk

Süt dişleri düşmeye başlayabilir. Sağ veya sol el tercihi belirginleşir. Yapboz gibi oyuncaklarla ayrıntılı yapılar kurabilir.

Kendi başına banyo yapabilir, yemek yer, giyinir, tuvalete gider.

Hareketli oyunlardan hoşlanır. Sesli ritim çalgılardan hoşlanır. Aşırı yaramazlıklar yapar. Bağımsızlıktan hoşlanır.

Doğum ve üreme hakkında sorular sorar. Ölüm hakkında duygular ortaya çıkar.

Bununla birlikte duygularını kelimelerle ifade etmeye başlar. Kolayca utanır. Ağır başlı ve güvenilir davranabilir.

Bu dönemde çocuklar kurallara daha fazla uyumludur. Çünkü kural kavramını kavramıştır. Bazen arkadaşlarını şikayet eder.

Basit grup ödevlerine uyum gösterir. Büyükleri sevindirmekten hoşlanır. Diğer çocuklarla önceki döneme nazaran daha rahattır. Aile ilişkisine çok duyarlıdır.

Oyunları daha fazla süreyle devam ettirir. Gerçekleri ister. Adres ve telefon numarası öğrenebilir. Karşıtlık kavramını anlamaya başlar. 6-8 kelimeli cümleler kurabilir. Paraları ayırt eder.

Sabah, öğleden sonra, akşam, dün, bugün, yarın gibi kavramları anlar. Gerçek hayat ile hayal ürünü arasındaki farkı daha iyi ayırt eder. Tek düşüncenin kendisininki olduğuna inanır.

> *Çocukluğunu tam yapmamış insan, kolay kolay tam bir insan olamaz.*
> Hölderlin

Altı Yaşındaki Çocuk

Oyunlarda aktif rol almayı sever.

Pastel boyayla düzgün boyar ancak yazı yazma ve kesmede gelişme halindedir. Kaslar ve göz-el koordinasyonu gelişir. Araç ve gereçleri başarılı bir şekilde kullanmaya başlarlar. Tanınabilir insan figürü çizebilir.

Enerji düzeyi yüksektir. Oyun oynamak için gerekli fiziksel özellikleri kazanır. Fiziksel gelişim, yaşıtları arasında önemli olmaya başlar ve kendine güvenmesini sağlar.

Bu yaşta ruh hali oynaktır. Eleştirilmekten hoşlanmaz. Yanlış yapmaktan çekinir. Anne-babanın tutumları, çocuğun kendisine saygısını ve güvenlik hissinin gelişmesini etkiler.

Yetişkinin koruması ve kontrolü, çocuğun fiziksel güvenliği için önemlidir. Çocuk, saldırganlığını kontrol etme, başarıyı yaşama, bağımsızlık gibi konularla ilgili olan aile beklentilerini öğrenir. Diğer insanlara karşı ilgisini ifade edebilir.

Oyun oynarken kurallar koyar. Arkadaşlarını değerlendirebilir. Yaşıtlarıyla ortak oyunlar kurar.

Arkadaşlıklarının süresi kısadır. Bu dönemde kendi hemcinsiyle oyunlar yaygındır. Ortaklaşa oyunların başlamasıyla, kızlar ve erkekler beraber oynamaya başlarlar.

Giyim, kuşam, dil v.b. konularda yaşıtlarla uyum içinde olmaya başlar. Sık sık değişen, iki veya üç samimi arkadaşı vardır. Oyun grupları küçüktür ve kısa süreli oyunlar oynanır. Sık sık fakat kısa süreli tartışmalar çıkar. Yaşıtlar gittikçe büyük önem taşımaya başlarlar; fakat yetişkinler, danışmak ve destek almak için asıl kaynak olarak kalırlar.

Paylaşır ve sırasını bilir. İşbirliğinin olduğu organize oyunlara katılır. Diğer insanların duygularıyla ilgilenmeye başlarlar; yaşıtlarının tutumlarını gözlerler. Yeni insanlarla tanışmaktan ve yeni deneyimlerden hoşlanırlar.

Kendini kontrol edebilmeye başlar, bazı hayal kırıklıklarının üstesinden gelebilir. Daha esnek olmaya ve alternatifleri kabul etmeye başlar. Sürprizlerden ve beklenmedik uyarılardan hoşlanır. Mizah duygusu gelişir. Mizah duygusu anlamsız sözcükler, pratik şakalar ve şaşırtıcı sorularla ifade edilir.

Korku, hoşlanma, duygusallık, öfke, utangaçlık, kıskançlık gibi duygularını özgürce ve genelde uç noktalarda ifade ederler. Anne-babadan ayrılma durumunda daha kabul edici ve rahat bir tutum gösterirler. Yetişkinlerden kendi yaptıkları ile ilgili konularda onay beklerler. Sevildiğinden emin olmak ister.

100'e kadar sayabilir. Şekil, zaman, renk, sayı gibi kavramları daha iyi anlar. Kaza ile maksatlı davranışları artık ayırt edebilir. Dikkat süresi 15 dakikayı geçmez. Fikir farklılıklarının olabileceğini anlar.

Sekiz Yaşındaki Çocuk

Yazı ve çizgisi ince motor yeteneğinin artmasıyla hızla ilerleyecektir. 7 yaşında dikkat süresi önemli ölçüde genişler, dikkatini başka yöne çevirebilir.

Bu dönemin çocuğu nesneleri gruplandırarak öğrenir. Mesela aynı amaca hizmet eden iki objeyi benzer görür, kaşık ve çatal gibi, çünkü ikisiyle de yemek yenir. Objeleri niceliğine ve ölçü boyutlarına göre sıralayabilir.

Hafızası harf sayı gibi kavramları öğrenmek ve tutmak açısından oldukça iyidir. İkiden fazla fikri, kısa süre içinde hatırlayabilir. Görüntü ve seslerle ilgili yaptığı sınıflandırma, daha kolay hatırlamasını sağlar.

Bilgiler, anlamlı bir bütün halinde verildiğinde çocuk tarafından daha kolay hatırlanır.

Bu dönemde çocuk dış görünümü ve davranışları konusunda rahattır. Kilosu ve boyuyla ilgilenir. Büyümek ister, üstünlükten hoşlanır.

Bu dönem çocukları yarışma ve rekabet ortamlarından hoşlanırlar, hırslıdırlar. Kendileriyle gurur duyarlar. Kızlar ve erkeklerin ilgi duydukları konular farklıdır. Kızlar ve erkekler arasındaki farklılıklar, sık sık tartışmalara yol açar. Kızlar ve erkekler ayrı ayrı gruplar oluştururlar. Özellikle aynı cinsten olan yaşıtlarla fiziksel oyunlar oynanırken aşırı enerji sarf edilir.

Yaşıt grubunun bu yaşlardaki çocuklar üzerindeki etkisi gittikçe artar. Çocuk grup içinde tartışır, bazen üstünlük taslar. Aynı zamanda sevgi dolu ve tepkilidir. Başkalarının fikirlerine yorumlar getirir.

Arkadaşları arasında gruplaşmalar başlar. Sır saklar. İdealisttir. Arkadaşlar arası aktivitelerdeki aşırı hırs, derslerde başarısızlığa yol açabilir. Ancak öğretmenin desteği ve beğenisine olan ihtiyaç devam eder. Beklenen sorumlulukları yerine getirebilir.

Çeşitli projeler geliştirir; koleksiyon yapar. Verilen işi bitirmekten gurur duyar. Hemen utanır. Korku, kızgınlık, üzüntü gibi duyguların paylaşıldığını hisseder. Umudu kolay kırılır. Duyguların açık bir dille ifade edilmesi, duygusal gelişim açısından önemlidir.

Bu yaşın çocuğu, yetişkin ve çocuk dünyası arasındaki farklılıkları ayırt eder. Fiziksel açıdan kendine bakma konusunda bağımsızlığını kazanmaktadır. Günlük yaşam için gerekli olan pratik bilgiyi kazanmaktadır. Bir başarı için hemen ödüllendirilmeyi beklemekten vazgeçer. Hayal ve gerçek dünyasını daha net bir şekilde ayırt eder.

Yargılama yapabilmesi ve karar verebilmesi için uzun süreye ihtiyaç duyar.

On Yaşındaki Çocuk

Fiziksel becerilerden çok, sosyal beceriler önem kazanmaya başlar. Diğer insanların duygularına olumlu veya olumsuz bir şekilde tepki verirler. Eleştirilme ve alay edilme konusunda hassastırlar. Yetişkinlerle sıcak, arkadaşça ilişkiler kurmaya çalışırlar.

Endişeler daha çok kişinin kendisine saygısını ve güveninin tehdit eden olaylarla ilgilidir. Örneğin, anne-babadan birini kaybetme, ailenin ekonomik durumunda bozukluk gibi.

Tutumları, sosyal değerleri ve inanç sistemlerini sorgular ve test ederler; bu da duygusal çatışmaya yol açabilir. Yetişkin rol modelleri, kabul edilebilir davranışlar hakkında çocuklara ipuçları verir.

Kuralların sebeplerini anlarlar ve davranışlarını bu kurallara göre ayarlarlar. Kendi davranışlarını değerlendirmeye başlarlar, kendileri için standartlar belirlerler, davranışlarının sorumluluklarını üstlenirler.

Cinsiyet rollerine uygun hareket ederler. Kişisel bağımsızlıklarını kazanırlar. Sahip oldukları eşyaların öneminin farkındadırlar. Kendilerini birçok konuda yeterli hissederler, ev dışı veya evdeki işleri bağımsızca yapabilirler.

Uzun süreli ilişkileri vardır. Planlar yapar ve konuyla ilgilenirler. Pratik çözümler bekleyen ortamlarda mantıklı düşünceler ileri sürebilirler.

Sebep-sonuç arasındaki ilişkiyi anlamaya başlarlar. Para kavramı gelişmiştir ve para üstü almayı, para bozdurmayı doğru bir şekilde yapar.

Zaman kavramı gelişmiştir, ileriye dönük planlar yapabilir.

Okuma ve dil yetenekleri diğer çocuklardan farklı olabilir. Fikir alışverişi yapar; konuşmak ve tartışmaktan hoşlanır. Soyut kelimeleri daha fazla kullanmaya başlar. Argo kelimeler kullanmaya başlar. Bunu çoğu zaman yetişkinlere özentiden yaparlar.

Ergenlik Çağında Çocuklar

Ergenliğe ilk adımını atan çocukların vücudunda çok hızlı değişiklikler oluşur. Çocuk içinde bulunduğu bu duruma nasıl tepki vereceğini bilemez, hızla değişen vücuduna uyum sağlayamayabilir.

Kızların ergenlik gelişimi erkeklerden daha önce başlar. Kızlar için buluğ döneminde kadınsı özellikler gelişir. Vücutları kadınsı bir görünüşe sahip olmaya başlar. Üreme fonksiyonları başlar.

Hem erkeklerde, hem de kızlarda erken fiziksel gelişme kendilerine olan güvenlerini fazlalaştırır. Erkeklerin motor gelişim ve koordinasyonu gelişir. Fiziksel açıdan üstün olur.

İyi kararlar verebilmek için deneyime ihtiyacı vardır. Anne-babanın davranışı üzerindeki etkisi ev dışında gittikçe azalır. Çocuğun olumsuz ve kavgacı tavrı, ailesine verdiği önemi azaltmaz.

Yaşıtlar, çocuğun davranış standartları ve model kaynaklarıdırlar. Grup tarafından verilen rollere uyarlar. Erkeklerin ve kızların ilgileri daha değişik ve çeşitlidir.

Genelde gürültülü ve neşelidirler. Grup oyunları popülerdir. Aynı cinsten ve karşı cinsten olan kişilere yönelik kaba davranışlarda bulunmaya başlarlar. Kahraman olmak isterler.

Kızlar, sosyal etkinliklerde erkeklere nazaran daha faaldirler. Karşı cinse ilgi artmıştır. Genelde kızların erkeklere ilgisi, erkeklerin kızlara olan ilgisinden daha fazladır.

Kendi davranışlarının farkında olma, onda kaygı ve endişe yaratır. Alkol, sigara ve ilaç kullanımı gibi olumsuz alışkanlıklarla karşı karşıya gelebilirler.

Yaşıtlarından oluşan grubun, çocuğun davranışları

üzerindeki etkisi artar. Arkadaşlar arasında bilgi alışverişi başlar.

Yeni okul ortamında çekingenlik yaşayabilir. Ortaokulu ilkokuldan daha karışık görebilir.

Okuldaki otorite ve disiplin sorgulanmaya başlar ve genellikle karşı çıkılır. Okul birçok sosyal deneyim için önemli bir ortamdır.

Bu dönem çok karmaşık hislerle geçer. Genç hem özgür ve üstün olmak ister. Bu nedenle kendine güvenmek ister. Hem de kendine güvenmeme eğilimi vardır. Kendini çok fazla inceler; içe dönük ve utangaç olabilir.

Diğer insanların, özellikle yaşıtlarının kendisi hakkındaki düşüncelerinden endişelenirler. Duyguları sık sık değişir ve tahmin edilemez. Duygularını nadiren dışa döker.

Arkadaşlarına uyum göstermeye çok fazla önem vermesi yüzündne kendi amaçlarını erteleyebilir. Okul barısı dalgalıdır.

Her konuda arkadaşlarıyla bir ve benzer olmak ister. Onlar gibi asi, düzensiz, derslere önem vermez biri olmaya kalkabilir. Onlardan daha çalışkan olarak dışlanmak istemez.

Yaşadığı fiziksel değişiklikler duygusal açıdan büyük bir stres oluşturur.

Yaşıtların etkisi önemli olmasına rağmen, yaşları

ilerledikçe kendi değer yargılarını geliştirirler ve gösterirler.

Dürüstlük, yargılama gibi etik kavramları algılarlar. Sosyal içerikli konuların farkına varmaya ve bu konuları tartışmaya başlarlar.

Sosyal rollerini benimsemeye başlarlar. Karşı cinsle ilişkilerinde kendi rollerinin nasıl olması gerektiğini öğrenirler.

Benliklerinin oluşması sürecinde zaman zaman duygusal çatışmalar yaşarlar. Hem bağımsız olmak ister, hem sahiplenilmek ve sevilmeye ihtiyaç duyarlar.

> *Baba olduktan sonra göreceksiniz ki, kendi mutluluğunuzdan çok, çocuğunuzun mutluluğu ile mutlu olabilirsiniz.*
>
> Balzac

3. Bölüm

Duygusal Gelişimin Yönü

Başkalarını bilen kimse bilgili, Kendini bilen kimse akıllıdır.

LAO-TSZE

> *Güven bir karaca kadar çekingendir; insan onu bir kovdu mu, tekrar bulması uzun zamana bağlıdır.*
>
> Kurt Bieden Kopf

Bebekler dünyaya bir anneye tamamen bağımlı olarak gelirler. Kendi varlıklarının farkına varmaları bile zaman alır. Başka insanları algılamaları ise çok daha uzun bir süre gerektirir.

Çocuğun gelişimi, bakıma muhtaç bir bebek halinden, kendine yeterli bir yetişkin insan haline doğru bir gelişimdir. Bu gelişimin tamamlanabilmesi için kişinin duygusal ve ruhsal olarak da bağımsızlığını kazanması önemlidir. Kendi kararlarını verebilmek, kendi hedefleri için çalışmak, kendini frenleyebilmek, değerlerini ve prensiplerini kendisi seçmek gibi birçok olgunluk belirtisi, duygusal gelişim sonucunda kazanılır.

Olgunluğun bir başka göstergesi de beceri ve yeteneklerini geliştirmektir. Bir kişinin, kendine özgü beceri ve yeteneklerinin farkına varması, onları geliştirmesi, bunun için eğitim öğretim alması, sabır ve sebatla çalışması birer olgunluk göstergesidir. Bunları başarabilmesi için, kendi değerinin ve amaçlarının farkında olması önemlidir. Ayrıca olgunlaşma; irade, kararlılık, azim ve hazzı erteleyebilmek gibi olgun ruhsal değerleri de gerektirir. Bunlara günümüzde duygusal zeka diyoruz.

Duygusal zeka, tıpkı entelektüel zeka gibi, eğitimle geliştirilebilir bir özelliktir. Değişmeyen bir huy ve mizaç olarak görmemek gerekir.

Kişide duygusal zekanın gelişmesi için, kişinin hedeflerinin, maddi arzu ve doyumlardan daha çok, manevi zevklere doğru gelişmesi gerekir. Mesela çocuğun kendi arzu ettiği bir şeyi yapmak yerine ailesini memnun etmek üzere sıkıcı olsa da ödevini yapması, onun manevi zevkleri algılamaya başladığını gösterir. Anne babasının takdirini kazanmak gibi, manevi bir ödül, tembellik etmenin veya televizyon seyretmenin peşin zevkine tercih edilebiliyorsa o çocuk duygusal olarak olgunlaşmaya başlamış demektir. Duygusal yönden olgunlaşmamış bir insan kaç yaşına gelirse gelsin olgun sayılmaz.

Elbette olgunlaşmanın önemli bir göstergesi de, bencillikten duyarlılığa doğru ilerlemektir. Çocuk, tabiatı gereği bencil ve duyarsızdır. Bu nedenle eşyalara ve kişilere rahatlıkla zarar verebilir. Ailesinin ve çevresinin tepkilerini gördükçe zarar verici olmaması gerektiğini kavrar.

Bu kavrayış zamanla, kendi isteklerini başkalarının istekleriyle uzlaştırması gerektiğini öğretir. Bunun için zorunlu olarak çocuk eylemlerini sınırlaması gerektiğini fark edecektir. Bir yandan kendi egemenlik ve özgürlük sahasını korumak isterken, bir yandan da çevresi tarafından kabul edilme isteği hisseden çocuk bir iç çelişki yaşar. Sonunda, sosyalleşmesi ve kabul edilmesi için, kendini sınırlamayı öğrenir.

Genel bir tanımlama yapacak olursak olgunlaşmak, kişinin,

- Bağımlılıktan bağımsızlığa
- Bencillikten duyarlılığa
- Dürtüsellikten sorumluk bilincine doğru gelişmesi şeklindedir.

Bunun yanında kişinin yeteneklerini basitten karmaşığa ve genelden özele doğru yönlendirerek geliştirmesi de olgunlaşma göstergesidir.

Olgunluk sürecinde düşünceler somuttan soyuta ulaşır. Asıl hedefler, nesnel ve dürtüsel olmaktan çok manevi ve ruhsal hale gelir.

Olgunlaşma, duygusal gelişimin her döneminde öğrenilen özelliklerin bir sonraki döneme zenginleştirilmesiyle ilerler. Mesela, çocuk önce anne baba ve öğretmenin isteğini yerine getirmek amacıyla ödev yapar. Burada maksadı, aferin almaktır. Bir sonraki aşamada ödevleri sınavlarda başarılı olmak için yapmaya başlar. Artık anne babasının ve öğretmenlerinin ne istediğini kavramıştır. Asıl amaç, onun başarılı olmasıdır. Daha öteda, ödevler sırasından öğrendiği bilgi ve kazandığı becerilerin hayatta ona neler kazandırdığını görür. Bunun gibi, her bir basamakta önceki basamakta tecrübe edilen olgunluk göstergesinden daha yükseğe çıkılmış olur.

Bu basamaklar çıkılırken kazanılan davranışlar, öğrenilen duygular, yeni niteliklerle yoğrularak kişiliğe sindirilir. Mesela ödevini yapan bir çocuk, görevini yerine getirmenin huzurunu hisseder. Biraz dişini sıkıp ödev yapmanın, ödevi neden yapmadığıyla ilgili bahane bulmaktan daha kolay olduğunu da öğrenir. Bu sırada kazandığı "görev duygusu" onun kişiliğine sinerek, bütün bir hayatında başarılı olmasını beraberinde getirir.

Aynı şekilde, olgunlaşmanın aksaması, bütün bir gelişimin gecikip gerilemesine neden olur. Duygusal olgunluk ve gelişim basamağının herhangi birinde yaşanan olumsuzluklar, gecikmeler veya sapmalar sonraki evrelerdeki gelişimi olumsuz yönde etkileyebilir. Alttaki yapı taşlarının sağlamlığı ve düzgünlüğü tüm yapının dengeli olarak yükselmesini güvence altına alır.

Mesela ailesinden yeterince ilgi ve takdir görmeyen bir çocuk düşünelim. Aile bireylerinin birbirlerine karşı ilgisizliği veya başka bir nedenden dolayı çocuğun okul başarısı kimsenin dikkatini çekmez. Bu durumda çocuk takdir edilmek gibi manevi bir hazzı öğrenemediği için bu konuda gelişimi aksar. Yada çocuk, kendisini yaramazlıklarıyla veya oyundaki başarısıyla takdir eden arkadaş çevresine yönelir. Ailesinden alamadığı sevginin boşluğunu başka sevgilerle doldurmaya kalkar.

Zamanında ve yeterli miktarlarda duygusal gereksinimleri karşılanmayan, duygusal gelişim evrelerini gereği gibi yaşayamayan ve bazı duygularla tanışamayan çocuklar erişkin yaşa geldiklerinde;

- Kendilerini değersiz hissedebilirler,
- Kendilerine güvenemeyebilirler,
- Kendilerini güvende hissetmeyebilirler,
- Güçlü olabileceklerine inanmazlar,
- Otoriteyle-güçlü olanla ilişkiye girmekte zorlanırlar, kaçınırlar,
- Kendi fikirlerini ifade etmekte güçlük çekebilirler.

Bazı aileler ise çocuğa ilgi göstermeyi abartır. Onu farklılıklarıyla beraber kabul edip hoş görmek yerine, aşırı mükemmeliyet bekler. Yada aşırı derecede kollayıcı olur. Duygularıyla gereğinden fazla yoğun biçimde tanışmak durumunda kalan çocuklarda da problemler olur.

Her çocuğun başarı düzeyi ne olursa olsun sevilmeye ve kabul edilmeye hakkı vardır. Aileler çocuklarının, onlara verilmiş bir emanet olduğunu düşünmelidirler. Onlar bizim sahip olma hislerimizi tatmin etmekle görevli değildir.

> *Tay at olunca at dinlenir, çocuk adam olunca ata dinlenir.*
> Kaşgarlı Mahmut

Çocuk Gelişimi ve Televizyon

Yaşadığımız her an kendi hakkını ister.

Goethe

20. Yüzyılın en büyük buluşları arasında kitle iletişim araçları yer almaktadır. Bunlar içerisinde şüphesiz en önemli yeri de Televizyon almaktadır. TV insanlık tarihi adına büyük gelişmelere vesile olmuş ve hala da etkileri açısından insanlık adına tartışılmaz bir noktada yerini korumaktadır.

Aile hayatının gelişimin, televizyonun evlerde yerini almadan önce ve aldıktan sonra diye ikiye ayırmak pek yanlış olmaz. Televizyondan sonra aile bireylerinin birbirleriyle ilişkilerinin yerini daha çok televizyonla ilişki almıştır. Daha doğrusu buna televizyonun aktif, tüm aile bireylerinin pasif rolde olduğu tek yönlü bir iletişim demek daha doğrudur.

Televizyonun her yaşın çocuğuna etkileri farklı farklı olmaktadır. Bu etkileri, istenen iyi ve etkiler, kötü ve istenmeyen etkiler şeklinde ikiye ayırabiliriz.

Yaşlara göre bu etkileri inceleyecek olursak.

Televizyonun 0-3 Yaş Gurubuna Etkileri;

Şüphesiz televizyonun en fazla etkilediği yaş grubu 0-3 yaşları arasındaki gruptur. Çünkü bu yaşlar hayat boyu kullanılacak bazı psikososyal ve psikomotor özelliklerin kazanıldığı çok önemli bir devredir. Bu devrede oluşabilecek herhangi bir sorun bütün hayatı etkilemektedir.

0-3 yaş için TV bazı durumlarda ciddi sıkıntıların kaynağı olabilmektedir. Ailelerin çeşitli nedenlerle çocuklarına yeterince zaman ayırmamaları, televizyon karşısına bırakmaları bu sorunları artırmaktadır.

Bu dönemde çocukların duygusal doyum sağlaması ve onun ile her bakımdan ilgilenilmesi onun sağlam ve güçlü bir psikolojik yapısının oluşmasına zemin hazırlar. Bu dönemde bebeği okşamak, kucaklamak, onunla konuşmak, sevildiğini hissettirmek ve oyunlar oynamak gelişimine çok büyük katkılarda bulunur.

Bebek ile birlikte vakit geçirmek, onun insanlar arası ilişkilere yabancılaşmasını engeller aile ortamını ve yavaş yavaş sosyal çevresini tanımasını sağlar. Çocuk da kendini ifade etmeyi, ihtiyaçlarını anlatmayı, iletişim kurmayı böylece öğrenir.

Çocuğun cansız bir varlığın karşısında, duygusal ve sosyal uyarıdan mahrum bir şekilde oturması onu pasifleştirir. Her ne kadar ocuk televizyonda insan yüzleri görse de bu yüzler, çocuğun konuşmasına, bakışına, gülümsemesine karşılık vermeyen, gönderdiği iletişim ve etkileşim mesajlarına cevap vermeyen yüzlerdir.

Üstelik bu çağda çocuk bu durumu anlayabilecek durumda değildir. Hem çocuğun bu sosyal ve duygusal eksikliği telafi edeceği arkadaş ve sosyal ortamı, konuşmak veya vakit geçirmek için alternatif bir gelişim ortamı yoktur.

TV karşısında 0-3 yaş arasında aşırı miktarda kalan çocuk, ailede ve özellikle de bakım veren kişide eşlik eden yukarıda saydığımız diğer etkenler de varsa, sosyal gelişim için gerekli olan fonksiyonların gelişiminde gecikmeler veya yetersizlikler görülür.

Bu dönemde uzun süre çok aşırı miktarda TV karşısında kalan çocuklarda bazı psikiyatrik tablolar gelişebilir. Bu tür çocuklarda; etrafa karşı ilgisizlik, seslenince bakmama, göz kontağı kurmama, insanlara ve yaşıtlarına ilgisizlik, onlarla duygusal ve sosyal iletişime geçmeme, kendi halinde olmaya çalışma durumu görülür. Bu çocuklarda, kendi etrafında dönme, sallanma, aşırı derecede cansız nesneler ile ilgilenme, konuşmama, cümle kurmama, iletişim ve etkileşimde problemler görülebilir.

Televizyonun 4-7 Yaş Çocuklar Üzerindeki Etkisi;

Bu yaş grubunda çocuğun gelişimi ile ilgili önemli adımlar atılır. 0-3 yaş grubunda olduğu gibi çocuğun gelişimi bu dönemde de çok hızlı bir şekilde devam eder. Bu dönemde anne baba, arkadaş ve sosyal çevre ile etkileşim ve iletişim belirgin olarak artmış ve artık erişkinlerle birlikte belirgin olarak uyum sağlanmıştır.

Bu dönemde gerek dil gelişimi, gerek motor gelişim de önemli aşamalar kaydedilir. Bu dönemde çocukta ki etkilenmeler hayat boyu çocuk için çok önemli olmaktadır.

TV nin bu dönemde çok aşırı izlenmesi çocuğun dil ve sosyal gelişiminde bazı sıkıntıların ve eksikliklerin oluşmasına neden olabilir. Bu dönemde çocuklar TV de gördükleri görüntüleri tamamen somut olarak yorumlarlar yani çocuklarda tam olarak soyut düşünce gelişmediği için gerek çizgi filmler gerek filmler de görülen görüntüler olduğu gibi algılanır. Çocuk bütün bunları olduğu gibi uygulamaya çalışabilir. Yani çizgi filmde gördüğü bir hareket veya sahneyi olduğu gibi yapmaya çalışabilir.

Çocuk için bu dönemde şiddet içeren ve aşırı abartılı konulardan oluşan çizgi filmler oldukça sakıncalı olabilir. Bilinçaltı şiddet duygularının yerleşmesine neden olabilir. Aynı zamanda çocuğun bu dönemde izleyeceği gerilim, korku veya aşırı şiddet içeren görüntülerden çocuklar oldukça aşırı etkilenebilir, bu durum onları akla gelen görüntüler ve düşünceler ile günlerce rahatsız edebilir.

Ek olarak çocukta uyku bozukluğu, yalnız kalmak istememe, korku ve endişe duyguları yerleşebilir. O nedenle anne babaların bu dönemde izlenen programlara özellikle dikkat etmesi gerekir.

Çocuğun sosyalleşmesi, yakınları ile diyalog kurması, sosyal adaptasyonu, dil gelişimi ve buna benzer konular aşırı TV izleme ile eksik kalabilir. Bu yaşlardaki çocukların eğitici programlar harici özellikle şiddet içeren ve çocuklar için travmatik olacak görüntülerden uzak kalmaları uygun olur.

Bu arada geç saatlerde izlenmesine müsade edilen programlar ile çocukların uyku ritmi bozulmakta, vakit ve motivasyon eksikliğinden dolayı çocukların oyunlar ve değişik aktiviteler ile kazanacakları motor beceriler yetersiz kalmaktadır. TV nin bu dönem çocukların eğitimine bir miktar katkısı olsa bile genel olarak dil, sosyal ve motor gelişimde sıkıntılar gözlenmektedir.

Bu durum eğer anne babanın çocuğu için yeterli vakit bulmasında sorun varsa, çocukta ek olarak psikiyatrik sıkıntılar varsa, çocuğun gelişimini destekleyecek diğer faktörler eksik ise daha da büyük sıkıntı olmaktadır.

Televizyon ve İnternetin 7-12 Yaş Arası Çocuklara Etkileri

Bu dönemdeki çocuklar genelde ağır eğitim şartları içinde olan grubu oluşturmaktadır. Aynı zamanda TV nin eğitim amaçlı kullanımından daha fazla yararlanacak bir yaş grubunu oluşturmaktadır. Yukarıda saydıklarımıza ek olarak bu yaş grubunda soyut düşünce yerleşmeye başlamış olmasının etkileri görülür.

Çocuklar TV deki görüntülerden erişkin düzeyinde etkilenmeye başlarlar. Yukarıda değindiğimiz gibi bu yaş grubunda da şiddet içeren, korku ve gerilime neden olan sahnelerin çocuğun gelişiminde problem oluşturacağını söylemek gerekir.

Yukarıda bahsettiğimiz iletişim ve sosyal adaptasyon üzerine etkileri 0-3 yaş ve 4-7 yaş grubundaki kadar negatif şekilde olmaz. Çocukların bu yaşlardan itibaren TV üzerinden kazanımları eğer iyi yönlendirilir ve seçici davranılırsa devam eder.

Bu yaştaki çocukların ders ve okul saatleri de göz önüne alınarak TV izleme saatleri uygun bir şekilde ayarlanmalıdır. TV izlemenin aşırılığı durumunda çocuğun sosyal aktivitelerinde, arkadaş ilişkilerinde, ders başarısında, sportif faaliyetlerinde, yaşa uygun becerilerin geliştirilmesinde sorunlar yaşanabilir.

Bu çağ çocukların gelişiminde internetin de büyük etkisi vardır. İçe dönük kişiliğe eğilimli, sosyal becerileri zayıf çocuklar, bilgisayara ve internete aşırı derecede düşkün olabilmektedirler. Gerçek ilişkiler kurmak yerine internette sahte kimliklerle sanal ilişkilere yönelebilmektedirler.

Çocukların teknolojinin nimetlerinden faydalanırken zarar görmemelerini sağlamak anne babaların görevidir. Eğer anne babalar bu görevlerini ihmal ederlerse çocukların sosyal ve duygusal gelişimleri geri kalabilir.

Çocuklarınıza vereceğiniz en güzel ve değerli hediye ilgi ve zamanınızdır.

Çocuğunuzun Gelişimi Normal Değilse...

Önce doğruyu bilmek gerekir, doğru bilinirse yanlış da bilinir. Ama önce yanlış bilinirse doğruya ulaşılamaz.

Farabi

Birçok aile çocuğunun gelişimini bilinçli bir şekilde izlemez. Bu yüzden de çocuğun gelişiminin yaşıtlarına göre normal olup olmadığını fark edemez. Daha sonra çocuk okula başladığında yaşıtlarıyla arasında uyumsuzluk olduğu fark edilir. Ancak biraz geç kalınmış olur. Çünkü çocuğun okulla ilk ilişkisi kötü bir karşılaşma şeklinde başlamış olmaktadır.

Okulda yaşıtlar arasında geri ve tuhaf olması, kendine olan güvenini sarsacak ve ilişkilerini bozacaktır. Mesela çocuk okula başlamış ama ayakkabılarını bağlayamıyor. Tuvalet ihtiyacını tek başına gideremiyor. Gruplaşma becerisini kazanmamış, 2,5 yaşındaki bir çocuğun seviyesinde kalmış. Kavgacı, agresif... Ya da masal çağında kalmış, içe dönük, dersleri ilgiyle takip etmiyor, anlamıyor. Arkadaşlık kurmayı beceremiyor.

Bunlar çocuğun dış dünyadaki ilk tecrübelerinin kötü hatıralarla teşekkül etmesine sebep olacak olgunlaşma geriliğidir. Anne babalar çocuklarının gelişimini takip etmeli, geri kalma nedenlerini araştırmalıdırlar. Bu konuda kendi hataları varsa zamanında görmeli, en kısa zamanda telafi etmelidirler. Eğer kendileri çözemiyorlarsa, psikolog yardımı almaları iyi olur.

Psikolog veya pedagoga gitmek hala bir kısım insanımız için, tabu olma özelliğini koruyor. Anne-babalar çocuklarını psikologa götürmek için tereddüt ediyor, bütün yöntemleri denedikten sonra, ancak en son çare olarak bir psikologa başvurmayı düşünüyor. Ne yazık ki bu kararı verene kadar sorun iyice ilerlemiş oluyor. Bu da çözüme ulaşmayı güçleştiriyor.

Çoğu aile çocuk eğitimi deyince okul eğitimini anlıyor. Eğitim için bütçe ayırmaktan çekinmeyen bir aile bile, psikolojik desteği önemsemiyor. Oysa çocuklar için yapılacak yatırımın en büyüğü ilk 6 yılda yapılmalı, çünkü kişilik gelişiminin yüzde yetmiş beşi okul öncesi dönemde tamamlanıyor.

Bu dönemlerden sonra çocuğunuzu daha iyi koşullarda yaşatabilirsiniz, ama daha sağlıklı ve mutlu, daha güvenli ve sosyal, daha zeki ve kendini geliştiren bir insan olmasına katkınız çok azalır.

Psikologlara hala güvenememenizin en büyük nedeni, bir psikoloğun bizim çocuğumuzu bizden daha iyi tanıyamayacağını düşünmemiz. Ya da aile sırrı saydığımız meseleleri başkalarına açmaktan çekinmemiz.

Bir başka hatamız da, uzmanlara ancak hastalık durumunda gidileceği ile ilgili kanaatimiz. Herkesin bize ve çocuğumuza hasta, problemli gözüyle bakmasından çekiniyoruz.

Oysa uzmanlara gelişim kontrolü ve danışmanlık için de gidilebilir. Ayrıca psikologlar bizimle empati kuracak, anlamaya çalışacaklardır. Bizim ailevi meselelerimize karışmaya çalışacaklarını düşünmemiz de hatalıdır. Sadece en uygun şekilde yardım etmeye çalışacaklardır.

Bir de şunu unutmamalı ki, psikologların herkese uygulanabilen hazır reçeteleri, sihirli değnekleri yoktur. Bir seansta sorunları ortadan kaldıracak değillerdir. Tavsiyeleri doğrultusunda davranışlarımızı düzelttiğimiz kadar başarılı oluruz.

Aileler psikologlara çocuklarıyla ilgili aşağıdaki durumlar için başvurabilir.

· Gelişim kontrolü için

· Davranış ve uyum bozuklukları, hastalıkların tedavisi, sakatlıklar için

· Aile ile ilgili sorunlar ve yaşam değişiklikleri için

· Psikolojiyle ilgili sorulara yanıt için.

Çocuklar, fakirlerin servetidir.
Thomas Fuller

Mutlaka Psikologa Başvurulacak Durumlar

> *Metodu olan topal, metotsuz koşandan daha çabuk ilerler.*
>
> Francis Bacon

Psikologa danışmak için özel bir durum gerekmez. Ancak bazı durumlarda psikologa mutlaka başvurmak gerekir. Özellikle çocuğun, özel bir durumu varsa, mesela küçükken geçirdiği bir hastalık nedeniyle uzun süre tedavi görmesi, annesine bağımlı olması, yaşıtlarının arasına karışamaması veya uyum gösterememesi gibi. Ailenin özel bir durumu varsa, anne baba ayrı, anne babadan biri psikolojik problemler sahip, madde bağımlısı gibi. Veya anne çocuğuna kendisi bakmıyor, bakıcısı ile ilgili problemler yaşanıyor gibi.

Bu gibi bir sorun olmasa bile, çocuğunuzun gelişimini kontrol ettirmek için uzmanlara danışabilirsiniz. Kontrollerde çocuğunuzun gelişiminin normal olup olmadığını öğrenirsiniz.

Gelişim kontrolü seanslarında çocukların gelişimleri çeşitli şekillerde incelenir. Çocuğun, fiziksel, hareket, dil, sosyal-duygusal, zeka gelişimi konusunda geriliğinin olup olmadığı tespit edilir.

Bu kontroller sayesinde geriden gelen gelişim alanlarını ve bu alanları desteklemek için yapmanız gerekenleri öğrenmiş olursunuz. Psikologunuz size bu alanı geliştirmenizi sağlayacak egzersizler, oyun ve oyuncaklar önerecektir. Örneğin, siz çocuğunuzun konuşma problemi olduğunu ancak 2,5 yaşında fark edebilirsiniz, ancak bir psikolog bunu 8-10 aylar arası fark edip, dil gelişimini destekleyici egzersizlere ağırlık vermenizi sağlayabilir. Bu şekilde sorunlar çıkmadan önleyebilirsiniz.

Çocuğunuzun zayıf ve güçlü yönlerini, eğilimlerini ve bunları geliştirme yollarını öğrenirsiniz. Yeteneklerini geliştirmesine yardımcı olabilirsiniz. Özel bir yeteneği varsa, özel dersler almasını sağlayabilirsiniz.

Uzmanların yardımıyla çocuğunuzla sağlıklı iletişim kurmayı öğrenirsiniz. Farkına varmadan yaptığınız hataları görme ve düzeltme olanağı bulursunuz. Sonuçta hepimiz anne babalık rolümüzü kendi ailelerimizden öğreniyoruz. Onlardan aldığımız yanlış örnekleri aynen aktararak hataları devam ettirmemiz mümkündür. Mesela bir baba, kendi babasının ilgisizliğinden ne kadar şikayetçi olsa da, kendisi de aynı hatayı sürdürebilir. Kendisi de tıpkı babası gibi, çocuğuna bisiklete binmeyi öğretmek yerine arkadaşlarıyla maç seyredebilir. Çocuğuna matematik çalıştırmak yerine problemlerini çözüp, başından savabilir. Bunların hata olduğunu fark etmek için bazen dışardan bir uzman gözü gerekebilir.

Uzmanlardan çocuğunuzla yaşına uygun oyunlar oynamayı ve ona herhangi bir şeyi eğlenceli yöntemlerle öğretmeyi öğrenirsiniz. Spor, sanat veya bilimin herhangi bir dalına çocuğunuzu sağlıklı bir şekilde yönlendirmeyi öğrenirsiniz. Yaşına göre hangi oyun ve oyuncakları tercih etmeniz gerektiğini öğrenirsiniz.

Çocuğunuzun içinde bulunduğu dönemle ilgili gerekli bilgileri ve bu dönemlerde dikkat etmeniz gereken konuları öğrenirisiniz. Örneğin; 8 ay civarı yabancılardan korkma, 18 ay civarı özgürlüğünü ilan etme, 2 yaş civarı tuvalet eğitimine hazırlık vb.

Ortaya çıkabilecek olası uyum ve davranış bozuklukları ve hastalıkları hızla teşhis edebilme, önlem alabilme ve tedaviye başlayabilme olanağı bulursunuz.

Psikologlar gelişim kontrollerini farklı aralıklarla yapabilirler. Çocuğun ihtiyacına göre daha sık veya daha seyrek yapılabilir.

Eğer ciddi bir bozukluk varsa, mesela cinsiyet anomalileri ve kromozomal bozukluklar, otizm, hiperaktivite ve dikkat dağınıklığı, down-sendromu, zekâ geriliği, konuşma bozuklukları, öğrenme güçlükleri gibi, bu durumda psikologlardan düzenli yardım alınabilir. Ülkemizde bu gibi özel durumu olan çocukların rehabilite edilmesine yönelik destekleyici kurumlar da var.

Bu kurumlardan ücretsiz veya düşük ücret karşılığı yardım alınabiliyor.

Bu hastalıklarda tıbbi tedavi gerekliyse, psikologlar destek tedavi programlarını yürütürler. Bunun dışında bu hastalıkların tanısının konamadığı durumlar olabilir, ancak çocuğun hastalığa eğilimi vardır; bu durumlarda tıbbi tedavi uygulanamaz ama bir psikologla düzenli çalışarak, egzersiz yapılarak sorunu tamamen çözmek veya sorunun ilerlemesini engellemek mümkün olabilir.

Kaza sonucu ve doğuştan olan sakatlıklarda da, tıbbi tedavilerin yanı sıra, psikolojik destek almak hem tedaviye uyumu artırır, hem de çocuğun ve ailenin sorunla başa çıkmasını kolaylaştırır. Bu tür sakatlıklara, körlük, sağır ve dilsizlik, ortopedik sakatlıklar, ağır konuşma bozuklukları vb. örnek verilebilir.

Uyum sorunları ve davranış bozukluklarının tedavisinde çoğunlukla psikolojik yardım tek başına yeterli olmaktadır. Bu sorunlar çok yaygındır ve birçok aile bunları yardım almayı gerektirir bir sorun olarak görmez. Anne-babalar genellikle, bu tip sorunların kendiliğinden geçmesini bekler veya sorunu gidermek için o kadar sağlıksız yöntemler dener ki, sorun yer değiştirerek başka bir forma girer veya büyüyerek çözülemez hale gelir.

En sık rastlanılan uyum ve davranış bozuklukları, gece korkuları, fobiler, kaygı bozukluğu, bebeklik dışında parmak emme, tırnak yeme, öfke ve saldırganlık, altını ıslatma, dışkı kaçırma veya tutma, kekemelik, tikler, yalan söyleme, çalma, kardeş kıskançlığı, cinsel sorunlar, yeme bozuklukları, uyku bozuklukları, içe kapanıklık, aşırı inatçılık gibi başlıklar altında toplanabilir.

Ailelerin bu sorunları çözmede yaptıkları en büyük yanlışlardan biri sorunu ortadan kaldırmaya çalışmaktır. Oysa soruna yol açan sebebi ortadan kaldırmak gerekir. Yoksa sorun ya büyüyerek veya yeni bir sorun olarak bir süre sonra yeniden ortaya çıkar. Örneğin tırnağını yiyen bir çocuğu baskı yoluyla veya çeşitli cezalarla bu alışkanlığından vazgeçirebilirsiniz, ancak tırnak yeme alışkanlığına yol açan duygusal sebepler ortadan kalkmadıkça sorun tekrarlar veya çocuk altına kaçırma vb. Gibi yeni bir sorun geliştirir.

Çocuklarda bu sorunun ortaya çıkmasına neden olan durum, geçirilen bir travma veya aile içi sorun olabilir. Boşanma, aile bireylerinden birinin ölümü, bakıcının değiştirilmesi, şehir veya ev değişikliği, okula başlama, kreşe başlama, kardeş doğumu ve annenin işe başlaması gibi yaşam değişiklikleri çocuklar için önemli duygusal sorunlara yol açabilir.

Yetişkinler gibi, çocuklar da bu tip değişimlerden farklı düzeylerde etkilenebiliyorlar. Bu olayların çocuklara nasıl anlatılabileceği konusunda uzmanlara danışmakta yarar vardır. Özellikle boşanma ve kardeş doğumu konularında mutlaka bilinçli olmak veya danışmanlık almak gerekir; birçok çocuk bu değişimlerden çok etkilenmektedir.

Aileler çocuklarının psikolojilerine zarar vermeden bazı basit sorunları çözebilmek için de psikologlara başvurabilirler. Bu sorunların bir kısmı basit önerilerle giderilebilir. Sağlıksız yöntemlerle çözüldüğünde ise yukarıda sayılan uyum bozukluklarına veya duygusal sorunlara yol açabilir.

Sorunların hepsinin çocukluk çağlarında ortaya çıkmadığını, çocukluk dönemlerinde yaşanan olayların ve sağlıksız eğitim yöntemlerinin ergenlik ve yetişkinlik dönemlerinde ortaya çıkan sorunlara zemin hazırladığını da unutmamak gerekir.

Aileler, çocuklarının bir davranışını bastırmak yerine çözümlemek yoluna giderse, küçük bir problemken düzeltilmiş olacaktır. Mesela, bir anne uzmana danışarak,

- Çocuğumun agresif davranışları var. Kardeşine, arkadaşlarına vuruyor, bu davranışından nasıl vazgeçirebilirim? Çok inatçı, her dediği yapılsın istiyor, ne yapabilirim? Diye sorup yardım aldığında belki de o çocuğun ilerde evliliğini kurtarmış olabilecektir.

Yine,

- Çocuğum bana çok düşkün, onu kendimden nasıl uzak tutabilirim? Okula gitmek istemiyor, ne yapmalıyım? Diye sorarak tavsiyelere uygun davranırsa, çocuğunun bağımsız ve güçlü bir kişilik geliştirmesini sağlayabilir. Böylece başarılı bir insan olmasına yardım edebilir.

> *Çocuk doldurulacak bir kap değil, ısıtılacak bir ocaktır.*
> Danner

Çocuğunuzun Öğrenme Geriliği Varsa

Öğrenmek, akıntıya karşı yüzmek gibidir ilerleyemediğiniz taktirde gerilersiniz.

Çin atasözü

Ailelerin sıkça yaptığı bir hata, çocuğumuzda gözlemlediğimiz geri kalma durumlarını zekâ geriliği ile karıştırmaktır. Oysa zekâ geriliği ile öğrenme gecikmeleri çok farklı nedenlerden kaynaklanabilir. Bu konularda uzman görüşü almadan çocuklara karşı ön yargılı olmamak gerekir.

Uzmanlar zekâyı "alışılagelmemiş olayları ve problemleri çözme yeteneği" şeklinde tanımlıyorlar. Zekâ; dikkat, anlama, iletişim, davranış, bellek, zaman-mekân oryantasyonu ve entelektüel fonksiyonların bir bileşimi olarak görülüyor.

Uzmanlar, zekânın önemli kısmının genetik olduğunu belirtiyorlar. Ancak bir çocuğun zeki olması her zaman kolay ve erken öğrenebileceği anlamına gelmiyor. Zeki çocuklar da öğrenme ve algılama güçlükleri yaşayabiliyor.

Her anne baba çocuğunun çok zeki olmasını ister, hatta öyle olduğunu düşünür. Bebeklikten itibaren yaptığı her şey gözüne çok büyük başarı gibi görünebilir. Ancak dikkatli anne babalar çok zeki gibi görünen çocuklarında bir şeylerin eksik olduğunu hissedebilir.

Çocuğun geç konuşması, geç yürümesi, fiziksel motor hareketlerini yaşına göre tam yapamaması, bazen dalgınlaşması, özellikle okula başladıktan sonra okumayı normalden geç sökmesi, kelimeleri tersten okuması gibi birçok şey aslında bir yerlerde sorun olduğunu gösterir. Bu tür belirtiler görülen çocuk, zeki olmasına rağmen öğrenme güçlüğü yaşıyor demektir.

Öğrenme güçlüğü Türkiye'de yüzde 9 gibi yüksek bir oranda görülüyor. Yani Türkiye'de ilkokula giden her yüz çocuktan 9'unda öğrenme güçlüğü sorunu var. Öğrenme güçlüğü yaşayan çocuklar aslında çok zeki oldukları halde, zekayı oluşturan bileşenlerden sadece entelektüel fonksiyonlarda bozukluk yaşanıyor.

Entelektüel fonksiyon okuma, yazma ve aritmetik hesaplamadan oluşuyor. Bu fonksiyonun geri olması durumunda, konuşma gecikmesi, yaşıtlarına göre gelişimin geri olması, sakarlık, yürümede gecikme, soru sorulunca hemen cevap verememe, diğer çocuklara göre çekingen olma gibi özelliklerdir.

Her çocuk, 1. sınıfın ilk üç ayında genellikle okumayı söker. Öğrenme güçlüğü olan çocuk hemen sökemez. Sene sonuna doğru ancak sökebilir. Okusa bile kelime atlar veya kelime ekler. Veya sesin vurgusunu ayarlayamaz. Yazamaz, yazarken harf hatası yapar. e'leri i yazar, düzensiz yazar, bitişik yazar. Harf atlar, 'ev' yerine 've' yazması çok tipik bir belirtidir. 'Hilal' yerine 'ilal' okur. Satır atlar.

Okurken ters okur. Ayna yansıması gibi 'ali' yerine 'ila', 'tarık' yerine 'kırat' okur. Çocuk uzayla ilgili şeylerden konuşurken anne baba çok zeki olduğunu düşünür; ama bir türlü iki kere iki dört dedirtemez. Pratik olarak söyleyemez. Bir türlü çarpım tablosunu ezberleyemez. Günleri, ayları, mevsimleri sırayla sayamaz. Sağını solunu karıştırır. Kuzey yerine güneyi gösterir. Bisiklet sürerken çok iyi değildir. İnce motor ve kaba motor hareketleri geridir.

Bellekleri de iyi değildir. Biraz önce dinlediğini unutabilir. Bu çocuklar evde yapacağı dersi unutur. Ödev yaptıramazsınız. Konsantrasyon bozukluğu vardır. Çantasını okulda unutur, atkısını kaybeder. Yatağını düzeltmez. Düzensizdir; ama cin gibidir.

Öğrenme güçlüğünün düzeltilmesi için normal okul eğitimi yetmez. 8 yaşına kadar bu belirtiler azalır ve sonra kaybolur; ama bozukluk tedavi edilmezse ömür boyu devam eder. Profesör de olsa okurken satır atlamaya devam eder.

Öğrenme güçlüğünde çocuğun düşüp başını vurması çok etkilidir. Bir çocuğun öğrenme güçlüğü yaşamasında, doğumda oksijensiz kalması, annenin bebeği küçük doğurması, beslenme yetersizliği, çocuğun enfeksiyon geçirmesi, çocuğun metabolik bir hastalığının olması, ailede birtakım risk faktörlerinin olması gibi sebepler etkilidir.

Ama en büyük sebep yüzde 90 oranında genetik, yani anne babadan gelen bozuk etkilerdir. Öğrenme güçlüğünü etkileyen 20-25 gen vardır. Öğrenme güçlüğünün 1. derece akrabalara geçme ihtimali yüksek. 2. derece akraba olunca, dedede olan hastalık oğluna geçmemişse torununa da geçme ihtimali çok az. Ama oğluna geçme ihtimali fazla.

Bununla birlikte çevre faktörleri de çocuğun öğrenmesini etkiler. Öğrenme güçlüğü için düşme çok önemlidir. Çocuk küçük yaşta düştükçe beyin hücreleri ölüyor. Küçük yaşta enfeksiyon geçirirse, menenjit olursa çok ateşlenirse, çeşitli metabolik hastalıklardan muzdarip olursa, bunlardan oluşan toksik maddeler genleri bozar. Genler ise çok çeşitlidir. Genlerin nasıl çalıştığı, neyin sebep neyin sonuç olduğu bilinmiyor. Sistem o kadar mükemmel ki, bu kadar karışıklığın içinde mükemmel bir intizam var. Biz ancak risk faktörü olarak söylüyoruz.

Öğrenme güçlüğü tespit edilen çocuk ile hemen eğitime başlanmalı. Eğitim süreklilik ister. Beyni kullanmak çok önemlidir. Çocukla devamlı konuşun. Çocuğu devamlı canlı renkli, ses çıkaran legolarla oynatın. Çocuğa ne kadar çok ilgi gösterirseniz öğrenmesi o kadar gelişir.

Çocuk nerede eksikse onun üzerinde durulmalı. Kekeliyorsa aynanın karşısında eğitilmeli. Çocuğun yazması eksikse saatlerce yazdırmalı. Sorun matematikse eğer, sayılarla çalışmalı. Bu durum bir hastalık değil, statik bir durum.

Günümüzde öğrenme geriliğinin tedavisinde çeşitli terapiler uygulanıyor. Mesela konuşma terapisi, uzman terapistlerle yapılır. Grup tedavisinde ise çocuğun, çevresindeki insanlardan bir şeyler öğrenmesi ve onlara öğretmesi sağlanıyor. El becerilerini artırması için çeşitli aktiviteler yaptırılmalıdır. Böyle bir eğitimle mükemmele yakın bir sonuca ulaşmak mümkündür. Bazen bu çocuklarda hiperaktivite ve dikkat dağınıklığı olabilir. Yine erken yaşta teşhis edilip, eğitimi sağlanabilir.

Öğrenme güçlüğü zeka geriliği ile karıştırılıp bu şekilde tedavi edilmeye kalkışılırsa bilişsel fonksiyonlarda sorun çıkabilir. Bu yüzden testler yapılmalı. Zeka geriliği ile öğrenme güçlüğünü aile tek başına ayıramaz. Özel eğitimcilerden yardım istenmeli.

Uzmanlar, çocuklarda zeka ve öğrenme geriliği konularının erken teşhis edilebilmesi için anne bakımının önemine vurgu yapıyorlar. İstanbul Üniversitesi Cerrahpaşa Tıp Fakültesi Genetik Anabilim Dalı Öğretim Üyesi ve Çocuk Sağlığı ve Hastalıkları Uzmanı ve Çocuk Nörolojisi Uzmanı Prof. Dr. Adnan

Yüksel şöyle diyor:

"Çocuğa annesinin bakması ile başkasının bakması arasında zeka gelişimi açısından fark vardır. Çünkü annenin 6. hissi, ayrı bir refleksi vardır. Annenin yerini ne baba tutar ne başka akraba. Annelerin çok yorucu işlerde çalışmasına karşıyım. Çocuk üç yaşından önce kreşe verilmemeli. Üç yaşına kadar evde anne ve yakınları bakmalı. Çocuğun zekasını geliştirmek için;

- Onunla çok ilgilenin.

- Düşmeye, enfeksiyonlara karşı koruyun.

- İyi ve düzenli besleyin. Haftada 1 defa balık, tavuk, kırmızı et almalı. Kırmızı et kas gelişiminde ve demir eksikliğinde çok önemlidir. Zeka için demir eksikliği olmamalı. Bakır, çinko gibi eser elementlerin yeterli olup olmadığına mutlaka bakılmalı. Vitamin ara ara verilmeli. Gıdalar günlük taze olmalı. Yoğurt, süt ve muhallebi dışında sebze-meyveler de taze olmalı. Buz dolabında üç günden fazla duran et demir eksikliğini gidermez.

Hamilelik döneminde ne yapılabilir?

Çocukta öğrenme güçlüğü oluşmaması için hamilelik döneminde anne çok iyi beslenmeli. Oranlara göre yağ, karbonhidrat, protein, mineral ve vitaminleri dengeli almalı. Çok karbonhidrat almamalı. Suni gıdalardan uzak durmalı. Rafine edilmiş gıdalardan kaçınmalı. Çünkü bunlarda serbest radikal miktarı artıyor. Anne adayı mümkün olduğunca stresten uzak durmalı, çevresi de bu konuda yardımcı olmalı.

Sigara çocuğun zekasını kesinlikle kötü etkiliyor. Çocuğun düşük doğum ağırlığında doğmasına sebep olduğu kesin. Bebek küçük doğunca beyin de küçük doğuyor. Alkol çok büyük hata olur. Hamile kadınlar çok gezmemeli. Bilmediği yerlerde, tatil yerlerinde temizliğe çok dikkat etmeli. En iyisi kendi hazırladığı yemeği yemesi. Ne kadar temiz de olsa yabancı biri yapıyor dışarıdaki yemekleri.

Düzenli aktiviteleri olmalı. Ultrason ve kan tahlilleri düzenli yapılmalı. Diyabet iyi incelenmeli. Metabolik hastalıklara, hipertansiyona, böbrek hastalığına çok dikkat etmeli.

Anne sütünün enfeksiyonlara karşı bağışıklık yaptığı kesin. İçeriğinde mikroplara karşı duran birtakım antikorlar var. Zekâya etkisini ölçmek mümkün değil; ama benim kanaatime göre anne sütü zeka gelişiminde çok önemlidir.

> *Çocukların utangaç olması onların iyi ahlak sahibi olmalarını müjdeler.*
>
> İ. Gazali

Çocuğunuz Hiperaktif mi?

*Çocuğuna, dilini tutmasını söyle; bak, konuşmayı
nasıl da hızlı öğrenir.*

Benjamin Franklin

Hiperaktif kelimesi, annelerin çocuklarına yakıştırmayı sevdikleri sıfatların başında gelir. Bunun bir nedeni, annelerin aşırı hareketliliği zeka ile bağlantılı görmelerinden kaynaklanır. Hareketli çocuğun zeki olduğuyla ilgili yanlış bir kanaat vardır. Oysa uzmanlar, Dikkat Eksikliği ve Hiperaktif Bozukluğun zekâdan bağımsız bir faktör olduğunu söylüyorlar.

DEHB çocuklu çağının en önemli psikiyatrik sorunlarının başında gelir. Aileyi, okulu ve toplumu ilgilendiren yönleriyle ve geniş anlamıyla bir eğitim ve öğretim sorunudur.

Aslında her çocuğun hareketli olması beklenir. Çocuk koşar, düşer ve gürültü çıkararak oynar. Bunların hepsi doğal karşılanabilir. Ancak DEHB'da ise çocuğun hareketliği aşırıdır ve yaşıtlarıyla kıyaslandığında farklılık hemen anlaşılır.

Genellikle bu çocuklar bir motor tarafından sürülüyormuş gibi sürekli hareket halindedirler. Bitmek tükenmek bilmeyen bir enerjileri vardır. Yükseklere tırmanır, koltuk tepelerinde gezer, ev içinde koşuştu rur ve dur sözünden anlamazlar. Sakin bir şeklide oynamayı beceremez, bir süre sakin bir şekilde oturamazlar. Oturmaları gereken durumlarda ise elleri ayakları kıpir kıpırdır. Çok konuşur, iki kişi konuşurken sık sık lafa girerler. Masanın başında oturamaz, dolayısıyla derslerini uygun mekanlarda çalışamazlar.

Çocukta dikkat kusuru özellikle eğitim hayatının başlamasıyla belirgin hale gelir. Okul öncesi dönemde de her şeyden çabuk sıkılan ve bıkan bu çocuklar, oyuncaklardan dahi sıkılıp kısa bir süre sonra onları parçalamayı tercih ederler. Okulun başlamasıyla birlikte öğrenmeye karşı ilgisizdirler. Ödev yapmayı sevmez, anne/baba ve öğretmenin zoruyla ödev yaparlar.

Ödevleri yapmakta hayli zorlanırlar. Masanın başına oturamaz, otursalar dahi çeşitli bahaneler uydurarak (tuvalete gitme, su içme gibi) sık sık masa başından kalkarlar. Anne /babayı ders çalışırken sürekli yanlarında isterler. Üzerine aldıkları bir işi sürekli bitirmekte zorlanır, bir işi bitirmeden hemen diğerine geçerler. Kendileriyle konuşulduğunda sanki konuşanı dinlemiyormuş görüntüsü verirler. Bir komutu birkaç defa söyledikten sonra yerine getirirler.

DEHB li çocuklar genellikle okula başladıktan sonra teşhis edilirler. Bunun başlıca nedeni anne babaların kendi çocuklarına alışmaları sonucu birçok davranışın onlara olağan görünmesidir.

Başlıca özellikleri, sınıfta dersi takip etmedikleri gözlenir. Dışarıdan gelen uyarılarla hemen dikkatleri dağılır. Ders dışı işlerle fazlaca ilgilenir, elindeki kalem, defter ve oyuncak gibi malzemeyle uğraşır, dersi takip edemezler. Derste sıkılmaları nedeniyle sınıfın dikkatini ve huzurunu bozacak davranışlar sergileyebilirler. (derste konuşma, arkadaşlarına laf atma ve garip asker çıkarma gibi).

Okuma ve yazma kaliteleri yaşıtlarından kötü, defter düzeni ve yazıları bozuk olabilir. Okurken sık hata yapabilir ve cümlenin sonunda kelime uydurmalarına rastlanabilir. Unutkandırlar. Sınıfta sık eşya kaybetme yanında, iyi öğrendiklerini düşündüğünüz bir bilgiyi de çabuk unutabilirler. Kendilerine uygun bir çalışma düzeni ve sistemi geliştiremezler. Okuma ve yazmayı genellikle sevmezler. Ders kitabı okumanın yanında hikaye ve roman türü kitapları okumaya karşı da isteksizdirler.

Yaşanan tüm bu öğrenme zorluklarına sınavlarda dikkatsizce yapılan hatalar eklenir. Sabırsızlıkları nedeniyle soruları hızlıca okuma, tam okumama ve yanlış okumalara sık rastlanır. Bu nedenle çok iyi bildikleri bir soruyu dahi yanlış cevaplayabilirler. Test sınavlarında çeldiricilere kolaylıkla kanarlar. Özellikle ilkokula başladığı yıllarda sınav kâğıdını öncelikle vermeyi marifet sayarlar. Sonunda bilgileri ve bildiklerinden daha azı oranında not alırlar.

İleri derecedeki bazı vakalarda çocuk, aklına eseni hiç düşünmeden yapar, kendisine ve başkasına zarar verir. Yaptıklarının sonuçlarını algılamaz. Dik başlılık ve isyan hareketlerine girişir. Öğüt dinlemez, iyice terbiyesizleşir. Cezalara karşı büsbütün yıldırıcı davranabilir. Bu nedenle bu çocukların durumunu teşhis edip, gerekli görülürse tedaviye başvurmak uygun olur. Bu çocuklar için aile okul uzman işbirliğine ihtiyaç vardır.

Ilımlı hiperaktif çocukların bazı olumlu özellikleri de vardır. Enerjiktirler, sıcak kanlı ve cana yakındırlar, kolay ilişki kurabilirler. Esnekliğe sahiptirler, hoşgörülüdürler. İyi bir espri yeteneğine sahiptirler. Girişimcidirler, risk alabilirler. Bazen gerekenden fazla oranda risk alırlar. İnsanlara kolaylıkla güvenebilirler, ancak bazen yanlış kişilere de güvenebilirler.

Bu çocuklara iyi örnek olabilecek bir arkadaş çevresi oluşturmak önemlidir. Okulda samimi olduğu çalışkan bir arkadaşının yanına oturtun. Not tutmada bu arkadaşının yardımını sağlayın.

Öğretmenini onun durumundan haberdar edin. Verilen çalışmayı tamamlayabilmesi için ona ek süre vermesini rica edin. Dikkat süresi ile uyumlu olacak şekilde görevleri ya da çalışma süresini kısa tutun.

Kısa süreli hedefler belirleyin. Örneğin, her seferinde birkaç soru çözmek gibi. Her seferinde bir tek görev verin. Görevini tamamladıkça biraz çıkıp dolaşmasına izin verin. Hoşlandığı bir oyun oynamasına imkan sağlayın.

Daha sonra tekrar derse dönemsini isteyin. Böylece kısa aralıklarla çalıştırın. Açık ve kesin konuşun. Dikkati dağıldıkça uyarıp, çalışmasını hatırlatın.

Aceleci ve dikkatsiz çalışmışsa, yaptığı işi kontrol etmesini öğretin. Küçük uygunsuz davranışları görmezden gelin. Kınamalarınızda ölçülü olun, gururuyla oynamayın. Olumlu davranışları övün.

DEHB li çocukların %50 si normal sınıflarda eğitilebilir. Geriye kalan %50 si ise özel eğitim ve ilgili hizmetleri gerektirir. Bu %50 nin yaklaşık %35-40 ı da normal sınıflarda bulunabilir ancak ek destek alırlar. Çok ciddi şekilde etkilenen diğer %10-15 lik kesim için özel sınıflar gereklidir.

DEHB li çocuklarla başa çıkabilmesi için öğretmenlerin olumlu ve gerçekçi akademik beklentiye, sıkı bir gözlem ve denetim becerisine, tutarlı, sabırlı ve esprili bir kişilik yapısına, özel eğitim öğretmeni ve uzmanlarla işbirliğine yatkınlığa, sahip olması gerekir.

> *Hiç kimse başarı merdivenine elleri cebinde tırmanmamıştır.*
> J.Keth Moorhead

Çocuğunuz Üstün Zekalıysa

Her şeyin anahtarı sabırdır. Civcivi, yumurtaları kuluçkaya yatırarak elde edersiniz, kırarak değil.

Arnold Closow

Çocuğumuzun üstün zekâlı olması her anne babanın arzu ettiği bir durumdur. Ancak unutulmamalıdır ki üstün zekâlı çocuklar da özel eğitim ister. Çocuğunuzun üstün zekâlı olup olmadığı zekâ testiyle anlaşılabilir.

Üstün zekâlılar, geçerli ve güvenilir zekâ testlerinde sürekli olarak 130 ve daha yukarı zekâ bölümü (ZB) sağlayan; kendi yaşıtlarından rast gele seçilmiş bir kümenin %98'inden üstün olanlara verilen addır.

Bunu yanında zekâsı üstün seviyede olan çocukların özelliklerini şöyle sıralayabiliriz:

Çok Küçük Yaşlarda Düzgün Konuşma ve Uzun Cümleler Kurma:

Üstün zekâlı çocukların çoğunluğunun göstermiş olduğu en belirgin özelliklerden birisidir, örneğin: Çocukların çoğu, iki yaş dolaylarında iki sözcüklü cümleler kurar. Aynı yaşlarda üstün zekalı bir çocuk ise beş altı kelimeden oluşan cümleler kurabilir. "Kitabı ver", gibi bir cümle yerine, "tavşanla kaplumbağa hikayesini anlatan kitabı ver" gibi...

Dikkati Bir Noktaya Toplama Süresinin Uzunluğu:

Yaşıtlarının dikkati kısa sürede dağılırken, üstün zekalı çocuklar dikkatlerini yoğunlaştırabilirler. Mesela bir yaşındaki bir çocuk eğer üstün zekalıysa dikkatini beş dakika ya da daha çok uzun bir süre kendisine okunan bir masalı dinleyebilir. Daha büyük yaştakiler ise bir kitap ya da kendisine anlatılan bir konuyu tümüyle anlatabilir.

Dikkatli Gözlem ve Merak:

Üstün zekalı çocuklarda olay ve nesneleri ayrıntılarına kadar gözleme ve nedenlere ilişkin merak çok küçük yaşlarda gelişmeye başlar. Mesela "gemiler nasıl gider" sorusunu he rçocuk sorar. Ama üstün zekalı çocuk, "geminin kaptanı nerede? Geminin motorları onu nasıl hareket ettiriyor? Bu köpükler nereden çıkıyor? gibi sorularla detaylı yanıtlar bulmaya çalışır.

Bilginin Çeşitliliğini Hatırlama:

Üstün zekalı çocuk, ana-baba ve öğretmenlerini geçmiş yaşantılarının ayrıntılarını anımsayarak şaşırtırlar. Örneğin, altı yaşındaki bir üstün zekalı çocuk, bir müzeyi gezip döndükten sonra, orada görmüş olduğu bir aracı gerçeğine uygun olarak çizebilir.

Karmaşık Kavramları Anlama ve İlişkileri Algılama Soyut Düşünme Yeteneği:

Ortalama yetenekli dört yaşlarındaki bir çocuk, bir kitaptaki resimlere merakla bakar. Aynı yaşlardaki üstün zekalı çocuk ise kitaptaki resimler arasındaki ilişkileri kavrar. Mesela birbirini izleyen resimlerin ne anlattığını konusuyla ilgilenir.

İlgi Alanlarının Çeşitliliği ve Genişliği:

Üstün zekalı çocuklar çeşitli konulara ilgi göstermektedirler. Bu ilgileri oldukça yoğun olmaktadır. Bir ay evcil bir hayvan sahibi olmakla ilgilenirse öbür ay yabancı dile ilgi duyabilir.

Başkalarını ve Kendini Eleştirme Yeteneği:

Üstün zekalı çocuklar kendilerini ve çevresindekileri iyi biçimde değerlendirirler, insanların söyledikleri ile yaptıkları arasındaki farklılıklara dikkat ederler. Ancak kendilerini daha çok eleştirirler. Örneğin, yüzme yarışında birinci gelen üstün zekalı bir çocuktan "En az bir dakika daha önce yarışı bitirebilirdim" yanıtını almak olasıdır.

Diğer Alanlarda Üstün Yetenekli Çocukların Özellikleri:

Görsel ve yapım sanatları veya psikomotor alanlarda üstün yetenekli olan çocuklar yukarıda özellikleri belirtilmeye çalışılan çocuklara benzer özellikler gösterirler. Ayrıca üstünlük gösterdikleri alanlara ilişkin yeterliklerini çok küçük yaşlarda göstermeye başlarlar.

Resim alanında üstün yetenekli olan bir çocuk, sınıf arkadaşları bir insan resminde burun, göz, kulak ve ağzı doğru yerlerine koymaya çalışırken motosiklete binmiş adam resmi çizebilir. Yaratıcılık yetenekleri olan çocuklar, birçok yönde farklılık göstermektedirler. Alışılmış mantık kalıpları dışında düşünme, bağımsız düşünme, rahat davranma v.b özellikler göstermektedirler.

Uzmanlar, Üstün Zekalı Çocukların Anne Babalarına Şu Önerilerde Bulunuyor:

Ne kadar üstün zekalı olursa olsun, çocuğunuzun halâ bir çocuk olduğunu unutmayınız. Sevgiye olduğu kadar denetlenmeye, disiplinli bir ilgiye, ana-babasınca kabul edilmeye, kişisel bağımsızlığını kazanmaya ve sorumluluklar almaya gereksinimi vardır.

En iyi biçimde gelişebilmesi için ana ve babanın değer sistemleri biri birine uygun olmalıdır. Bunun anlamı, çocuk yetiştirilirken, nelerin verilip nelerin verilmemesi konusunda ana-baba arasında büyük görüş ayrılıklarının bulunmaması gerektiğidir.

Çocuğun yetiştirilmesinde ana, baba birlikte çabalamak durumundadırlar. Sayıları, zamanı, sözcüklerin söylenişini v.b öğretirken, gerek evde gerekse çevrede ortak bir sorumluluk almaları önemlidir.

Çocuğun okuma, müzik, şiir, düşünülerini tartışma ve kendini ifade etme becerilerini geliştirmesi üzerinde önemle durulmalı, çocuğa bol bol kitaplar okunmalıdır, ilgi duyduğu/okuldaki faaliyetleri yakından izlenmelidir.

Mutlu bir aile ortamının çocuğun gelişimindeki öneminin unutulmaması gerekir. Sonu gelmeyen tartışmalar, boşanma her çocuk gibi üstün zekalı çocuğu da çok etkiler.

Üstün zekalı çocuklar yaşıtlarından önce yetişkin sorunlarına ilgili ve duyarlı hale gelmektedirler. Örneğin: cinsiyet, ölüm, hastalık, savaş, parasal konular v.b. Bu alanlardaki deneyimlerinin eksikliği sonucu, sorunları çözmede güçlüklerle karşılaşırlar, onlara söz konusu ve benzeri alanlarda ana-babalar gerekli yardımları yapmalıdır.

İyi kitapların, dergilerin ve diğer araç ve kaynakların evde çocuğu eğitmekteki önemi daima göz önünde tutulmalıdır. Ansiklopedi, çeşitli levhalar benzeri kaynaklar bu açılardan önemlidir.

Çocuğun sağlam bir öğrenme temeline sahip olmasını sağlamak için, müzelere, tarihi yerlere, sanat galerilerine, v.b yerlere götürülmesi çeşitli kaynaklarca önerilen bir husustur.

Ana, babalar özellikle çocuğun sormuş oldukları sorulara "yeter artık" diye yanıt vermemeye dikkat etmelidirler. Onun sorularını, azarlayarak ya da yanlış biçimde yanıtlamaktan kaçınmaları hele, "bunları büyüyünce öğrenirsin" diye baştan savma yanıtlar vermemeleri gerekmektedir.

Üstün zekalı çocuğun ilgi alanlarının çeşitliliği unutulmamalıdır. Ancak uzun bir süre bir konuda ilgisini yoğunlaştırmayabilir. Bu nedenle çocuğun ilgilerini destekleyerek, bir konuya daha uzun süre ayırmasını sağlamak ana-babalara düşen bir görevdir.

Ana-babalar çocuklarının tüm yaşantısını aşırı biçimde yönlendirmekten de kaçınmalıdırlar. TV seyretmek, resimli mecmualara bakmak, oyun oynamak v.b etkinlikleri yapmak onların da hakkıdır.

Çocuğun, fantezileri, varsa hayali arkadaşları, alışılmışın dışındaki fikirleriyle doğrudan ya da dolaylı biçimde olumsuz tutum takınmaktan ve alay etmekten kaçınmalıdırlar.

Çocuğun ilgi ve üstünlük gösterdiği dallarda, ana babalar yetersiz kaldıkları zaman, olanakları el verdiğince özel ders v.b kolaylıkları çocuklarına sağlamalıdır.

> *Kaptanı usta olmayan gemiye her rüzgar kötüdür.*
>
> George Herbert

4. Bölüm

Çocuğunuz Hangi Zeka Türüne Sahip?

Bizi güçlü yapan yediklerimiz değil, hazmettiklerimizdir. Bizi zengin yapan kazandıklarımız değil, muhafaza ettiklerimizdir. Bizi bilgili yapan okuduklarımız değil, kafamıza yerleştirdiklerimizdir.

Francis Bacon

> *Çocukluğu olmayanın gençliği de olmaz.*

Üstün zeka ve yetenek dediğimiz zaman günümüzde çoğunlukla sözel-matematiksel zeka türleri anlaşılmaktadır. Bu durum, biraz da endüstri toplumlarında muhasebe, mühendislik vb. mesleklere duyulan ihtiyaçtan dolayı, matematik ve fen bilimlerinin üstünlük kazanmasından doğmuştur. Bu meslekler üstün duruma geldikçe bu alanlarda başarılı olanlar birinci sınıf insan sayılır olmuştur. Sonuç olarak bir çok yetenek, ikinci sınıf zeka türü ve uğraşları temsil eder hale gelmiştir.

Bu durumda aileler de haklı olarak çocuklarına iyi bir gelecek sağlayan zeka ve yetenek türlerine odaklanmışlardır. Günümüzde bile hala, sanatla ilgili meslekler ancak hobi olarak kabul edilmekte, bunlara zaman ayırmayı tercih edenlere "avare çocuklar" gözüyle bakılmaktadır.

Oysa çocuklarımızın çok farklı zekalara, ilgi ve yeteneklere sahip olduğu ortadadır. Eğitim kurumları ve ailelere düşen görev, çeşitli zekâ ve ilgilerin farkında olmaları ve geliştirilmeleri için eğitim fırsatları oluşturmaktır. Ülkemizde bu konunun önemi teorik düzeyde de olsa anlaşılır olmuştur.

Bugün çocukların zekâlarını tek tip şekilde ölçen

zeka testlerinin yanında, çoklu zeka ve duygusal zeka kavramları anlayışına bırakmıştır.

Gardner'ın çoklu zeka kuramında, sekiz temel zeka türünden bahseder. Bunları ve nasıl geliştirilebileceğini sırasıyla inceleyelim. Daha sonra bu zeka türlerinin, hangi burçlarda ağırlıklı olarak bulunduğunu inceleyeceğiz.

Bedensel Zeka

Ne olacağımızı değil, ne olduğumuzu biliriz.

SHAKESPEARE

Kinestetik de denilen devinsel veya bedensel zeka, kişinin kendini ifade etmesinde bedenini kullanma kapasitesini ifade eder. Spor dallarının hemen hepsinde bedensel zeka dediğimiz yetenekten yararlanırız.

Bedenini kullanma konusunda herkesin eşit seviyede olmadığını biliriz. Bazı çocuklar yaşıtlarından daha erken çağda psikomotor yeteneklerini geliştirirler. Erken yürürler, tırmanırlar, ellerini iyi kullanırlar. Ellerini ve bedenlerini kontrol ve koordine etmekte son derece başarılıdırlar. Aktörler, mim oyuncuları ve sporcular bu zeka türünde gelişmiş insanlardır.

Bazı çocukların bisiklete binmekte, futbol oynamakta, yüzmekte vb. faaliyetlerde daha başarılı olduğunu görürüz. Bunlar çoğu zaman yerinde duramayan, kıpır kıpır çocuklardır. Genellikle ilgilerini derslere ve soyut - sözel konulara yoğunlaştırmak istemezler. Akılları fikirleri dışarıda, oyun oynamaktadır. Koşmayı, zıplamayı, güreşmeyi çok severler. Becerilerini gösterebildikleri maçlar, oyunlar onların zihnini ders çalışırken bile meşgul eder.

Bu tip çocukların enerjisini spora kanalize etmek faydalıdır. Çoğu aile, çocuklarının sporla zaman geçirmesini istemez. "Zaten çok hareketli, bir de sporla mı uğraşacak" diye düşünürler. Oysa spor rast gele hareket etmek değildir. Spor hareketleri disipline eder, kurallara bağlar, ahenkli ve amaçlı hale getirir. Böylece hem çocuğun enerji fazlasını harcatır, hem çocuğun bedensel zekasını ortaya koymasına fırsat verir. Bu sırada çocuk ölçüsüz ve amaçsızca etrafa yönelttiği enerjiyi kontrol etmeyi öğrenmiş olur.

Devinsel zeka türlerinin bir kısmı müzik ve tempo zekasıyla birlikte sergilenen, dans ve gösteri becerileriyle alakalıdır. Bu çeşit devinsel zekaya sahip çocuklarda hem müzik kulağı, hem müziğin ahengine ayak uydurma becerisi bulunur. Devinsel zekaya sahip çocukları halk oyunları ekiplerine, müzikal oyunlara yönlendirmek mümkündür.

Bazı bedensel zekalı çocuklarda ise, artistik kabiliyet bulunur. Bunlar bir hareketi taklit etmekte çok başarılıdırlar. Duygularını canlandırmakta beden dilini rahatlıkla kullanırlar. Olayları dramatize ettikleri görülür. Mimik ve jestleri çok canlı ve yerinde kullanırlar.

Bedensel zeka ile görsel zekanın uygun bileşiminde ise kabiliyet malzemelere şekil vermeye yöneliktir. Bu tipteki çocuklar eşyaları veya benzer şeyleri parçalara ayırıp tekrar birleştirmeyi severler. Tahta oyma dikiş dikme örgü örme gibi el becerileri isteyen işlerde yeteneklidirler.

Çocuğunuzun Bedensel Zekasını Geliştirmek İçin:

Okul öncesinde bol bol oyun oynamasını, grup sporlarına katılmasını sağlayın.

Aile içinde, "sessiz film" gibi oyunlar oynayarak beden dilini kullanmasını teşvik edin.

Okul müsamerelerinde görev almasını teşvik edin.

Bir fikir, düşünce veya duyguyu canlandırmasını özendirin. Mesela "bir şeye üzülünce ne yapıyorsun?"

Taklit yapmaya özendirin. "Baban kravatını nasıl bağlıyor?"

Halk dansı, koşma, yüzme ve yürüme gibi fiziksel aktivitelere yönlendirin.

Yaşına uygun görevlerle becerilerini göstermesine izin verin. Kar küreme, çim biçme, bulaşık yıkama, aracınızı park etme gibi işleri yapmasını özendirin, takdir edin.

Oyun hamuru, tahta parçaları vb. malzemeyle bir şeyler oluşturdukları zaman ilgi gösterin, takdir edin.

Komşunuzun beş yaşındaki çocuğu iki tekerlekli bisikleti kullanabiliyorsa, bizim çocuk da yapabilir diye düşünmemek gereklidir. Çocukların gelişim ve algılama yaşı birbirlerine göre farklılık göstermektedir. Sizin çocuğunuz da eninde sonunda hedeflenen kabiliyetleri kazanacaktır. Bu kabiliyetleri kendi dünyası içinde kazanmasına izin verin.

Eğer çocuklarınız bir aktiviteye dahil olmak istemiyor veya hazır görünmüyorsa, en iyi yöntem kesinlikle zorlamamaktır. Bazı çocuklar, spor aktivitelerine katılmaktan çekinirler, çünkü hata yapıp başarısızlığa uğramaktan ve akranlarına karşı mahcup olmaktan korkarlar. Bu nedenle, çocuklarınızı katılım için teşvik edin, destekleyin ama asla isteksiz olan çocuğunuzu aktiviteye katılmak için zorlamayın. Çocuğunuzun daha rahat hissettiği belli bir zaman sonra, mesela 6 ay gibi bir zaman sonra, tekrar katılımı için teşvik etmeyi deneyin.

Bedensel zekası zayıf çocukları; basit ve rekabet gerektirmeyen fiziksel aktivitelere yönlendirmek uygun olabilir. Hem efor sarf etmeleri, hem zayıf oldukları bu alanda yeterince gelişmeleri için, severek yaptıkları iddiasız, küçük etkinlikleri olması faydalı olur.

Kolaydan zora doğru derecelendirilerek eğitilirlerse, yavaş bir gelişimle de olsa, bedenlerini kontrol etmeyi öğreneceklerdir.

Özellikle sosyal yönü zayıf, çekingen çocukların cesaret ve öz güven kazanmaları için teşvik edilmeye çok ihtiyaçları olacaktır. Spor ve sanatsal oyunlar sayesinde çocuklarda bireysel etkinlik, kendine güven ve fiziksel hakimiyet duygularında gelişme olmaktadır.

Çocuğun sportif ortamla birlikte yaşadığı sosyal etkileşim, bir gruba ait olma hissi ve paylaşmayı öğrenme, ruhsal durumu olumlu etkilemektedir.

Unutmayalım! Her çocuk ve gencin egzersize ihtiyacı vardır. Düzenli egzersiz yapma alışkanlığının bu yaşlarda kazanılması ve erişkin dönemde de sürdürülmesi sağlıklı yaşam açısından birçok kazanç sağlayacaktır.

Mutluluk her şeyden önce vücut sağlığındadır.

Curtis

Müzik Zekası

Sanatın düşmanı bilgisizliktir.

BEN JOHNSON

Ritmik zeka da denilen müzik zekası, seslere karşı duyarlılık gösterme kapasitesi ve kendisini müzikle ifade etme yeteneğidir. Müzik kulağı da denilen müzik zekası, bir enstrüman çalma veya şarkıları, türküleri doğru ve güzel bir şekilde yorumlama yeteneğidir. Müzikte üstün bir yetenek ve dehanın, aileden gelen bir özellik olduğunu da düşündüren örnekler vardır. Elbette müzik zevki ve ilgisi de aile ortamında kazanılan bir özelliktir.

Günümüzde ahenkli ve huzur veren musiki türlerinin, ruh haline olumlu katkı yaptığı düşünülmekte, bu nedenle anne adaylarına bile müzik dinletilmektedir. Ahenkli tınılar, insanı hayatın iniş çıkışlarından yorulmuş, kaygılarla iyice gerilmiş olduğu zihinsel evreninden alır, doğal ve ruhsal bir zevk evrenine götürür.

Bazı insanlarda diğerlerinden daha fazla müziğe ilgi olduğunu biliriz. Bu kişiler hayatı da müzik gibi, ahenkli bir akış şeklinde görürler. Hayatın akışı içine barışçı, uzlaşmacı bir şekilde katılırlar. Büyük bir orkestraya benzeyen toplum yapısında kendilerine düşen görevi yapar, uyumlu ses çıkarırlar. Ritmi ve uyumu bozan, kavga ve gürültüden hoşlanmazlar. Sakin ve huzurlu insanlardır.

Kendisini sanatına vermiş, alanında başarılı müzisyenlerin çoğunun, dünya ile barışık, rekabetten ve kavgadan hoşlanmayan, huzurlu insanlar olduğunu görebilirsiniz. Bu özellikleri, hem yeteneklerini işaret eden kişilik yapılarından gelir, hem de musiki ile haşır neşir oldukça bu özellikleri gelişir.

Çocukların dünyasında da müziğin büyük bir yeri vardır. Onların henüz sözel yeteneklere sahip olmadıkları, küçük yaşlarından itibaren müziğe tepki verdiklerini biliriz. Müziğe uygun bir şekilde el çırptıklarını, uyumlu şekilde salındıklarını görürüz. Bilhassa kız çocukları daha yürümeye yeni başladıkları çağlarda ritim tutmaya ve oynamaya da başlarlar.

Günümüzde müzik yoluyla eğitimin çocukların ruh sağlığı ve zihinsel gelişimine katkı yaptığı düşünülmektedir. Okul öncesi eğitimde, ezberlenmesi istenen bilgilerin şarkı yoluyla ezberletilmesi, çocuğa hem kolay gelmekte, hem de aklında kalmasına yardımcı olmaktadır.

Mutluluğu tatmanın tek çaresi, onu paylaşmaktır.

Byron

Çocuk ve Müzik

Müzik zekasına sahip çocuklardan pek çoğunun güzel sesi vardır ve şarkı söylemeyi severler. Elbette çocuk olmaları nedeniyle yersiz bir şekilde bağıra çağıra şarkı söylemeleri doğaldır. "Kes sesini, zaten yorgunum. Kafa bu!" diye azarlanmak, çocuğun şevkini kıracaktır. Bunun yerine "bu şarkıyı yeni mi öğrendin? Güzel söylüyorsun ama, biraz daha alçak sesle söylersen daha güzel olacak." Diyebilirsiniz.

Müzik kulağına sahip çocukların çoğu enstrüman çalmaya heveslidirler. Onlara "bu gitar merakı da nerden çıktı. Zaten derslerini çalışmıyorsun" gibi cümlelerle hevesini kırmamalısınız.

Anne babaların çoğu, çocuğunun geleceği için endişe eder. Müzisyenlikle hayatını kazanmasının zor olacağını düşünürler. Belki de haklıdırlar, üstün bir yetenekleri yoksa gelir kaynağı olarak pek işe yaramayabilir. Ancak müzik ilgisinin mutlaka iş ve başarıya dönüşmesi gerekmez. Çocuğunuz mutlaka hayatını müzikten kazanmak zorunda değil, müzik aleti çalmak, stresi kontrol etmek için iyi bir araçtır. Ayrıca içe dönük çocuk ve gençlerin sosyalleşmesi için kendine güven kazanma vasıtası olabilir.

Vurmalı çalgılar gibi enstrümanlar hiperaktif çocuklar için uygun bir hobi olabilir. Bu çocuklar dikkatini ince işlere yoğunlaştıramazlar. Basit bir çalgı çalmak, bu çocukların hem bedenlerini kullanmalarını, hem grup içinde uyum yeteneklerini geliştirilebilir. Öte yandan enerjisini harcamaya ihtiyaç duyan bu çocuklar, bu işten zevk alacaklardır.

Bununla birlikte çocuğunuz sizden bir enstrüman istedi diye, hemen müzik dahisi olmasını da beklemeyin. Çocuk ve gençlerin her dönemde yeni şeylere heves ettiklerini unutmayın. Kendilerini sınayacaklar, belki de bir müddet sonra vaz geçecekler. Bunun için gerçek bir yeteneği olup olmadığını uzman kişilere danışarak öğrenebilirsiniz.

Günümüzde gençlerin çoğu kısa yoldan pop yıldızı olmaya heves ediyorlar. Gerçekte, az sayıda çocuk, beste yapacak kadar müzik dehasına sahiptir. Yine belli bir oranda kişinin hem müzik kulağı, hem güzel sesi, hem sahne becerisi vardır. Ancak kolay yoldan para kazanmak, şöhrete ve popülariteye sahip olmak gençlere cazip gelmektedir. Oysa müzik alanında başarılı olmak da en az başka bir alanda başarılı olmak kadar yetenek ve disiplinli çalışma ister.

Bazı anne babalar, çocuklarının yeteneklerini gözlerinde büyütürler. Ortalama bir sese ve kulağa sahip bir çocuğa bile geleceğin yıldızı gözüyle bakarlar. Çocuğumuzun gerçek bir yeteneği olup olmadığını tarafsız bir gözle değerlendirecek, uzman kişilerden fikir almakta fayda var. Eğer çocuğumuzun yeteneği yeterli seviyede değilse, kendi hevesimizi tatmin etsinler diye yüksek beklentiye girmemiz uygun olmaz.

Bununla birlikte, çocuklarımızı "senin yeteneğin yok boş yere uğraşma" diye engellememize de gerek yok. Eğer profesyonel olarak müzikte bir geleceği yoksa bile belki amatörce ve hobi olarak da müzikle uğraşabilir. Çocuklarımızı engellemelerle hevesini kırmak değil, kendileriyle ilgili konularda gerçekçi olmalarını sağlamak en iyisi olacaktır.

Aile bireylerinin çoğunun müziğe ilgisi varsa, hep birlikte, küçük amatör bir grup çalışmasıyla aile içi paylaşımları artırmamız faydalı olabilir. Bu tip bir etkenlik, çocuğun aile içinde iyi zaman geçirmesini sağladığı gibi, uyum kabiliyetini ve paylaşma duygusunu da artırır.

Sanatlar, hürriyet tarafından emzirilince büyürler.

SCHİLLER

Dilsel Zeka

Konuşma, insanın aklını kullanma sanatıdır.

EFLATUN

Sözel zeka da dediğimiz dilsel zeka, konuşma ve yazma dilinde kelimeleri etkili ve akıllıca kullanma kapasitesidir. İyi bir konuşmacı olan, hitabeti etkileyici olan, TV de spikerlik, radyo programcılığı ve sunuculuk vb. işleri yapanlarda sözel ifade kabiliyeti yüksektir.

Bu kişiler, zengin bir kelime dağarcığına sahiptirler, düşünce ve duygularını uygun ve etkili kelimelerle anlatabilirler. Konuşmalarında vurgulamaları düzgündür. Akıcı bir şekilde kekelemeden ve "ııı" gibi seslerle duraksamadan, konuşurlar.

Bu tip zekaya sahip çocukların küçük yaştan itibaren yaşıtlarına oranla daha düzgün konuştukları, kelime haznelerinin erken zenginleştiği görülebilir. Bu tip çocuklar yazma, konuşma, espiriler yapma yönünden yeteneklidirler. Eğlenceli zaman geçirme anlayışlarında masal, hikaye ve fıkra okumak, anlatmak, kelime oyunları oynamak, bulmaca çözmek önemli yer tutar.

Daha küçük bir bebekken kendilerine kitap okunması ve masal anlatılmasını isterler. Masalları tekrar tekrar dinlemekten hoşlanırlar. Kendileri de öğrendikleri hikayeleri anlatmaktan zevk alırlar. Böylece anladıkları ve kullandıkları kelime dağarcıkları hızla gelişir.

Bazı kişilerin ifade yeteneği daha çok derinlemesine düşünceler üzerinde yoğunlaşma ve yazarak ifade etme yönünde gelişmiştir. Bunlar hayata herkesten farklı bir şekilde bakar, görmediğini görürler. Konuşmaları tutuk olabilir, ama yazıları etkileyicidir. Düşüncelerini yazarak berraklaştırırlar. Sosyal konular üzerine, hayatın anlamı üzerine düşünmeyi ve okumayı severler. Farklı görüşleri öğrenip, aralarında karşılaştırma yapmaktan hoşlanırlar. Eleştiri güçleri gelişmiştir. Yeni fikirler ileri sürebilirler.

Bu zeka tipine sahip çocuklar küçük yaşlarından itibaren soyut kavramları algılayabilirler. İyilik- kötülük, adalet-zulüm vb. konuları konuşabilirler. Arkadaşlarıyla oynadıkları oyunlarında hak, sıra, doğru yanlış gibi kurallar üzerine tutarlı bir şekilde mantık yürütürler. TV izledikleri programları yorumlayabilirler. Bunlardan, şair, yazar, gazeteci, düşünür, eğitimci gibi birçok meslek erbabı çıkabilir. Politika alanında da başarılı olabilirler.

Çocuklarımızın mantık ve sözel yeteneklerinin gelişimi için, onlarla birer yetişkinmiş gibi konuşmak, fikirlerine saygı göstermek önemlidir. "Sen bunları daha anlamazsın", "bırak bunları derslerine bak" diyerek cesaretlerinin kırmamak gerekir.

Okuma Zevki Kazandırmak

Klişe haline gelmiş bir sözdür ama tekrar edelim, okuma zevki aile içinde kazanılır. Evine kitap girmeyen bir ailenin çocuğundan, okumaya meraklı olmasını beklemek iyimserlik olur kuşkusuz.

Bu açıdan "benim çocuğum okumayı sevmiyor" diyen bir annenin ya da babanın öncelikle kendilerini eleştirmeleri gerekir. Acaba kendileri okumaya yeterince zaman ayırabiliyorlar mı? Eve hangi sıklıkta kitap, dergi, gazete giriyor? Okudukları üzerine aralarında konuşup tartışıyorlar mı?

Çocuk görerek ve yaşayarak öğrenir; eğer evde bütün gün televizyon açıksa, anne ve baba kitap okumaya hemen hiç zaman ayıramıyorlarsa, çocuğu okumaya zorlamak yersizdir kuşkusuz.

Bununla birlikte okuma merakının çocuğun kişiliğiyle ilgili bir yönü de var kuşkusuz. Bazen okumayı seven anne babaların çocuklarında da okumaya isteksizlik görülebilir. Bunda çevrenin, arkadaşların olumsuz etkisi olabileceği gibi, çocuğun gözünde okumanın aile içi ilişkiyi engellediği düşüncesi de ektili olabilir. Sıcak ve yakın bir ilgi arayan bir çocuk karşısında eline gazete dergi alıp oturmuş anne babalar, itici bir görüntü oluşturabilir.

Unutmamalı ki, küçük çocukların aileleriyle yakın ilişki kurmaya çok ihtiyaçları vardır. Kitap çocuğunuzla aranıza girmemeli, aksine okuma saatleri çocuğunuzla aranızda bağ oluşturmalıdır. Çocuğunuz bebekken bile kitaptaki resimlere bakabilir, okuduğunuz kelimelerdeki ritmi, kafiyeleri işitebilir ve sizin çıkardığınız sesleri taklit etmeye çalışabilirler. Onu kucağınıza alıp, bol resimli bir kitabın sayfalarına bakabilirsiniz. Bu arada parmağınızla resimleri gösterip, "bak bu köpek. Bu da onun kulübesi. Köpek ne yapıyor? Kemiğini mi saklıyor?" gibi cümlelerle ilgisini resimlere vermesini sağlayabilirsiniz.

Masal çağına gelen çocuklar kendilerine belli bir kahramanı olan, heyecanlı ve çocuksu konulardan bahseden hikayelerin okunmasından hoşlanır. Çocuklar çoğu zaman aynı masalı birkaç kere okumanızdan da hoşlanır. İyice öğrendikten sonra ona hikayeyi anlattırabilirsiniz. Böylece düşüncelerini ifade etmeyi öğrenir, kullandığı kelime dağarcığı gelişir.

Çocuğunuza okuduğunuz öykü ile ilgili sorular sorun. Örneğin "sence cüceler neden öyle davranmış olabilirler?" bu gibi sorularla çocuğunuzun fikir üretmesini ve ifade etmesini desteklemiş olursunuz.

Çocuklara yüksek sesle kitap okumak onların zihinsel ve dil becerilerinin gelişmesine katkıda bulunur, okumayı öğrenmeye hazırlar, okul başarılarını yükseltir ve yaşam boyu sürecek bir okuma sevgisi kazanmalarını sağlar.

Ayrıca birlikte kitap okuyarak geçireceğiniz özel zamanlar çocuğunuzla aranızdaki bağın güçlenmesine katkıda bulunur ve ona değer verdiğinizi göstermenin çok özel ve yararlı bir yoludur.

Çocuğunuz okumayı söktükten sonra onu bol bol okumaya teşvik edin. Önceleri kekeleyerek okuyacağı için zevkli olmayacaktır. Biraz sabırlı olun. Onu da sabırlı olmaya teşvik edin. Çocuğunuz akıcı okumaya ne kadar erken geçerse okuma zevkiyle de o kadar erken tanışır.

Çocuğunuzun kendi seviyesine göre çok zor olmayan kitaplar seçmesi için yardımcı olun. Bu aşamada amaç çocuğun bol bol başarılı okuma deneyimleri yaşamasını sağlamaktır. İyi bir çocuk kitabını belirleyen temel ölçüt yetişkinlerin de severek okumaları değildir, çünkü çocuğun dünyası, okuma ve anlama seviyesi yetişkinden ayrıdır. Öyleyse her şeyden önce çocuğun dünyasına girmek, onu anlamaya çalışmak gerekir.

İyi bir çocuk kitabının estetik ve düşünsel düzeyde belli nitelikleri vardır. Bunları saptayabilmek için kitapların gerek dış görünümüne, gerek içeriğine, dil ve biçimine dikkat etmek gerekir. Çocuk yayınlarında kitapların dış görünümlerinin, kapak resminin, kullanılan renklerin, içindeki resimlerin ve çizimlerin, kağıt kalitesinin, sayfa düzeninin, arka kapaktaki tanıtım yazısının vb. belli bir kaliteyi tutturması gerekir.

İyi bir çocuk kitabı her şeyden önce çocuğun dünyasına yöneliktir. Çocukların dünyasını, onların düşünceleri, duygularını, sevinçlerini, korkularını, kaygılarını yine onların bakış açısından onların diliyle dile getirebilmelidir. Çocukların öğrenmeye açık ve meraklı olduklarını ama öğretilmekten hoşlanmadıklarını unutmamamız gerekir.

Okuma alışkanlığı kazandırmak için her fırsatı değerlendirmek gerek. Mesela çocuğunuzun doktor muayenehanesi gibi beklemesi gerekecek yerlerde okuması için yanınıza bir kitap ya da dergi alın. Sürekli olarak kitap okuyacak zaman yaratın.

Hemen her çocuk, TV, internet ve bilgisayar oyunlarını kitap okumaya tercih eder. Kitabın bunlarla rekabet etmesi kolay değil. Bu nedenle TV ve video oyunlarına ayıracağı süreyi sınırlayın. Belli bir zaman ayırıp süresi dışında bunlara izin vermeyin. Serbest zaman faaliyeti olarak kitap okumayı teşvik edin.

Çocukları duygu ve düşüncelerini yazı yoluyla anlatmaya teşvik ederek, bu konudaki yeteneklerini keşfedebilirsiniz. Mesela başından geçen ilginç bir olayı yazmasını isteyin. Eğer yetenekli olduğunu hissettiyseniz daha da geliştirmesi için yardımcı olun.

Dünyada okuduğum en güzel kitap nedir diye sordular. "Annem" adlı kitaptır dedim.

A. LINCOLN

Doğa Zekası

*Kendi kendinin mutluluğuna engel olmak yolunda
insan fevkalade beceriklidir.*

Andre Gide

Doğa zekası, kişinin merhamet ve empati duygusuyla canlılar alemine ve canlılara yakınlık duymasıyla karakterize edilebilir. Doğa zekası güçlü olan çocuklar, karıncaları, böcekleri, hayvanları izlemeyi severler. Evcil hayvan sahibi olmaktan hoşlanırlar. Onların bakımından zevk alırlar. Akvaryumları veya kuşları olmasını tercih ederler. Yeşil çevrede zaman geçirmekten hoşlanırlar. Bunların ilerde veterinerlik, besicilik, tarım, çiçekçilik, evcil hayvan satıcılığı gibi işlere ilgisi olabilir. Çevre konularına ilgi duyarlar.

Denizler, ırmaklar, gökyüzü, toprak, kum gibi tabi çevre bu çocukların ilgisini çeker. Deprem gibi doğa olaylarının nedenlerine ilgi duyarlar. Daha küçük bir çocukken bile toprakla oynamayı, çiçek gibi bir şeyler yetiştirmeyi severler. Okulda fen dersleri ilgilerini çeker. Pamuk arasında yeşerttikleri fasulye fideciğini mutlaka bir saksıya ekmek isterler. Filizlenen soğan ve patatesleri ilgiyle incelerler.

Doğadaki tüm canlıları tanıma, araştırma ve canlıların yaratılışları üzerine düşünme becerisine sahiptirler. Araştırmalar yapmayı severler. Farklı canlı türlerinin isimlerine karşı dikkatlidirler, çiçek türleri, hayvan türleri onlar için çok çekicidir.

Hayvanat bahçelerine ve doğa tarihi müzelerine olan gezileri çok sever. Çevre olaylarına karşı çok hassas ve duyarlıdırlar. Ekoloji, doğa, bitkiler, hayvanlar vb. gibi konuları işlerken çok meraklanırlar.

Seyahatlerinde en sevdikleri etkenlik, bitki, böcek vs. örnekleri toplamaktır. Belgeselleri ilgiyle izler, doğa ve gezi dergilerini, canlılara dair ansiklopedileri incelemekten hoşlanırlar.

Sosyal zekaya da sahip iseler, çevreyi koruma amaçlı aktivitelere liderlik edebilirler. Teknolojik yetenekleri olanları ise, çevreye zarar vermeyen yeni teknolojilere ilgi duyarlar.

Zooloji, Botanik, Organik Kimya, Biyoloji, Jeoloji, Meteoroloji, Arkeoloji, Çiçekçilik, Tıp, Fotoğrafçılık, Dağcılık, İzcilik vb. bir çok doğa bilimi alanında başarıyla çalışabilirler.

Çocuk ve Doğal Çevre Bilinci

Hepimiz tabiatın bir parçasıyız, ama uygarlık birikimimizle tabiata yabancılaşmış durumdayız. Yiyeceklerimiz tabiat kökenli olsa da işlem görüp ambalajlanarak bize değişmiş bir şekilde ulaşıyor. Çoğu zaman doğal halini bilmiyoruz bile.

Bu durum bir çoğumuzun, özellikle de doğal zekası gelişmiş kişilerin acı çekmesine sebep oluyor. İş ve özel hayatımızın çoğu, doğanın huzur veren dinginliğinden uzak, koşuşturma içinde geçiyor. Günlük hayatın zorunlulukları, rekabet ortamı, stresse neden oluyor. Oysa tabiatla baş başa geçirilen birkaç saatte görüyoruz ki, gerçek yapımız tabiatın huzur ve dinginliğine ihtiyaç duyuyor.

Materyalist değerlerle biçimlenen uygarlığımız, sürekli çevreyi kirletiyor, kaynakları tüketiyor. Biz giderken arkamızda her yönden tükenmiş, zehirlenmiş ve canlı çeşitliliğini yitirmiş bir dünya bırakacağız. Peki ama acaba buna hakkımız var mı?

Haklı olarak her geçen gün daha fazla insan bu konu için endişeleniyor. Tabiat, bizim yaşam alanımız. Soluduğumuz hava, içtiğimiz su, ihtiyaç duyduğumuz gıdaları yetiştirdiğimiz toprak, bizim hem beden hem ruh sağlığımızın garantisi. Onların kirlenmesi bizim de yavaş yavaş ölmemiz demek. Çevre kirliliğinin kanser gibi bir dizi hastalıkta etkili olduğu ortadayken, hem kendi neslimiz, hem diğer canlıların nesli için çevreye karşı daha duyarlı olmamız gerekiyor. Bu konuda hem kendimiz hem de çocuklarımızın daha duyarlı olması için bir dizi etkenlik yapabiliriz.

Örneğin iyi vakit geçirmek için, alışveriş merkezleri, oyun salonları, sinemalar yerine, çocuklarımızı tabii çevre içinde yaşamayı tecrübe edecekleri tatil anlayışını benimseyebiliriz. En azından yakın çevremizdeki park ve bahçelerde, bitkiler, böcekler, kuşlar gibi hayvanları yakından gözlemesini sağlayabiliriz.

Çocukları konforlu tesislerde tatiller yerine çadır veya karavana tatillerine götürebiliriz. Açık havada geziler düzenleyebiliriz. Bu gezilerde doğal hayatı incelemesine; su, çamur, kum ile oynamasına imkan sağlayabiliriz. Fen derslerinde geçen konularla eş zamanlı olarak, bitki ve yaprak örnekleri toplama, çiçeğin bölümlerini inceleme gibi etkenlikler düzenleyebiliriz. Eğer imkanımız varsa tabiat içinde bir bahçe edinebiliriz. Burada kuşlar için yuva yapma yada sebze yetiştirme gibi temel uygulama fırsatları sunmak onların çevreye karşı duyarlı tutum geliştirmesine yardımcı olur.

Çocuklarımız okullarda müfredat gereği, çevre hakkında eğitim alıyorlar. Biz de bu konulara ilgi göstererek, onları bilgilerini bizimle paylaşmaya teşvik edebiliriz. Çocuklara "Büyünce denizleri temiz tutmak için neler yapacaksın?" yada "Sen başbakan olsan ormanları korumak için ne yapardın?" gibi sorular sorularak çevresel sorunlar üstünde düşünmeleri sağlanabilir. Drama çevresel sorunlara çözüm aramada kullanılabilecek faydalı bir etkinlik olabilir.

Çocukların doğal sistemlerin nasıl çalıştığını anladıkça, bu sistemlerin insan hayatıyla nasıl ilişkili olduğunu öğrenecektir. Örneğin çocuğumuz fen derslerinde su döngüsü, oksijen döngüsü, geri dönüşüm, bitkilerin nasıl büyüdüğü, tatlı su kaynaklarının insan sağlığı için önemi gibi konuları işledikçe ekolojik prensipleri öğrenecek ve çevrenin önemini kavrayacaktır. Biz de onlara kısıtlı kaynaklarımız olan enerji, temiz su ve oksijeni boş yere tüketmemek ve kirletmemek yolunda örnek olabiliriz.

Bunun yanında çocukların evcil hayvan beslemesinin onların tabiata ve çevreye daha duyarlı olmasında etkili olduğu bulunmuştur. Çocuğumuza alacağımız bir evcil hayvan, onun merhamet ve empati duygularını geliştirecektir.

Mutluluğun değerini, onu kaybettikten sonra anlarız.
Plautus

Görsel veya Alansal Zeka

Hayat kısadır. İnsan zenginliğini kullanmaya ne kadar erken başlarsa o kadar iyidir.

SAMUEL JOHNSON

Görsel zekanın temelini görme duyusu ve buna bağlı olarak şekiller tasarlama ve zihinde resimler yaratma yeteneği oluşturmaktadır. Bu tip zekaya sahip olanlar, resim, grafik ve heykel yapmakta başarılıdırlar. Biçimleri ve nesneleri hayalinde canlandırma ve görme yetenekleri gelişmiştir. Bu sayede araç, model vs. tasarlamakta başarılıdırlar.

Bu zekaya sahip çocuklar yaşıtlarından daha çok somut hayaller kurarlar. Yap-boz labirent gibi görsel faaliyetlerden hoşlanırlar. Yaşıtlarına kıyasla çizimleri ve resimleri çok güzeldir. Film slayt gibi görsel gösterileri çok severler. Boyama, çizme, harita okuma motif çizme, örnek yaratma vb özellikleri vardır.

Bu tip çocuklar, resimler ve şekillerle düşünürler. Hayalinde gördüğü resimleri anlatabilirler. Harita, tablo ve diyagramları anlayabilirler. Çok hayal kurarlar. Sanat ve Proje aktivitelerini, görsel sunuşları severler. Okurken kelimelerden çok resimlerden anlarlar. Tasarım, çizim ve görsellikten zevk alırlar. Öğrenmede daha çok sanat, video, filmler, bulmacalar ve haritalardan yararlanırlar.

Görsel zekanın bir türü de alansal zekadır. Bu zekaya sahip olanların mimarlık, haritacılık ve denizcilik gibi yüzey ve buna bağlı bilgileri kullanma becerileri yüksektir. Kolaylıkla yön bulma becerisine sahiptirler. Futbol gibi belli bir alanı kullanmayı gerektiren oyunlarda da başarı gösterirler. Fotoğrafçılık, sinema gibi alanlar da onlara göredir. Bunların şehircilik, mühendislik, dekoratörlük vb. birçok mesleğe eğilimleri vardır.

Ayrıca satranç gibi farklı derinlik ve açılardan görmeyi gerektiren beceriler bu zeka türünün kapsamı içinde sayılabilir.

Çocuğunuzun görsel zekaya sahip olup olmadığını anlamak için bazı denemeler yapabilirsiniz. Mesela ona bir masal anlatıp, sonra o masala dair bir resim yapmasını isteyebilirsiniz. Görsel zeka ve hayal gücüne sahip çocuklar, dinlediklerinden zihinsel objeler hayaller, resimler üretebilirler.

Çocuğunuz okuldan eve döndüğünde öğrendiği bilgileri üzerine resim yapmasını isteyebilirsiniz. Öğrendiği bilgileri somut ve görsel sunuşlara dönüştürür. Öğrendiği bilgileri hatırlamada da bu zihinsel resimleri kullanacaktır.

Bu tip çocuklar, üç boyutlu ürünler hazırlamaya yönelik etkenliklerden hoşlanır. Mesela origami ve maketler hazırlamayı sever. Bir nesnenin farklı açılardan perspektifini anlayabilir, onu zihninde canlandırabilir.

Çocuk ve Resim

Henüz kendisini ifade etme becerisine sahip olmayan küçük çocuklarımız için resim yapmak, iyi bir kendini ifade yolu olabilir. Günümüzde psikoloji ilminde çocuk resimlerini incelemek başlı başına bir yöntem olarak kullanılmaktadır.

Mesela çocuğun çizgileri onun kızgın yada saldırgan olup olmadığını gösterebilmektedir. Kullandığı renkler de mutluluk düzeyi hakkında mesaj vericidir. Çocuğunuzun resimlerini inceleyerek o sıralardaki ruh halini, sıkıntılarını anlamanız mümkündür. Canlı renkler kullanan bir çocuğun, neşeli olduğunu düşünebilirsiniz. Daha detaylı incelemeler için, psikologların kullandığı yöntemler vardır.

Bazı psikologlar, resmi çocuğun kişiliğinin aynası olarak değerlendirmektedir. Çocuklar resimleri yoluyla iç dünyasını kağıda yansıtmaktadırlar. Mesela kağıdı dolduracak şekilde büyükçe resimler yapan çocukların öz güvenli oldukları, küçücük resimler yapan çocukların kendine güveninin zayıf olduğu gözlenmektedir.

Resimler çocuğun gün boyunca etkileştiği çevre,

yaşadığı olaylar hakkında da bilgi verir. Çocuk anaokulunda arkadaşlarıyla veya evde annesi yokken bakıcısıyla yaşadığı bir olayın ipucunu resimleriyle verebilir. Televizyonda izlerken büyüklerinin konuşmalarını dinlerken etkilendiği bir olayı resmine yansıtabilir. Böylece resim yoluyla çocuk, o günlerde zihnini meşgul eden ilgilerini, üzüntülerini, ilişkilerini resminde anlatır.

Resim çocuğun kendisine ve insanlara bakışını, ilişkilerindeki tutumunu da anlatır. Mesela çocuğa ailesinin resmini yapmasını söylediğinizde çocuk babasını çok büyük, annesini küçük çizebilir. Bu onun erkekleri veya babasını büyük ve önemli gördüğünü, onun otoritesinden etkilendiğini ifade edebilir. Bazen de çocuk annesini büyük, kendisine yakın, eve yakın çizer, babayı küçük, uzak aileden kopuk çizer. Bu da aile içi ilişkileri nasıl algıladığı hakkında ipuçları verir. Bakıcısı, öğretmeni ve arkadaşları hakkında da böyle ipuçları bulmak mümkündür. Kendisini arkadaş grubunun dışında, yalnız çizmesi, arkadaşlarını büyük kendisini küçük çizmesi, öz güven eksikliğini anlatabilir.

Resimleri yorumlamakta acele etmemelidir. Çocuğa çizdiği resmi anlattırarak da bazı kanaatlerin açığa kavuşması sağlanabilir. Mesela çocuk babayı küçük çizmiştir, ancak nedenini sorunca, "çünkü kağıtta yer kalmamıştı." Diyebilir. Ya da "neden herşeyi kırmızıya boyadın" diye sorunca, "çünkü diğer boyalarımı bulamadım." Yada "diğer boyaların ucu kırıktı da ondan" cevabını alabilirsiniz. Resimleri anlamlandırmakta çocuktan yardım almak faydalı olabilir.

Bu arada çocuğun çizimlerini manalandırmadan önce, onun gelişimini de göz önünde bulundurmak gerekir. Çocuğunuzun görsel zekasının derecesini ve ortalamadan daha yetenekli olup olmadığını değerlendirmek için, normal gelişimi bilmek gerekir.

Tüm gelişim alanlarında olduğu gibi resim gelişimi de zeka düzeyine paralel gider. Yaşa uygun düzeyde performans gösterilmeyen çizimler bir gelişim geriliği olabileceği yönünde mesaj verir.

Çocuk resimlerinde 1- 4 yaş arası karalama dönemidir. Bu dönemde kağıt üzerine gelişli güzel bir takım çizgi ve karalamalar çizilir. Zaman içinde karalamalar daha hedefli ve organize olmaya başlar. El-göz koordinasyonunun gelişmesi ile şekiller belirginleşmeye başlar. 3 yaş dolaylarında baştan bacaklı basit insan resimleri çizilmeye başlanır.

4-7 yaş arası şematik öncesi dönemdir. Bu dönemde çocuğun en sevdiği çizim insan figürüdür. Yakın çevrede kullanılan ve görülen nesnelerde resme girmeye başlar. Resimlerde mekan kavramı yoktur, nesneler kağıdın üzerinde gelişli güzel yer alır. Çocuk ana renkleri tanımaya ve kullanmaya başlamıştır.

7-9 yaş arası şematik dönemdir. Bu dönemde çizimler, varlıkları sembolize etmek için çizilir. Resimler şeffaf gibidir, arkalarındaki nesneleri gösterecek şekilde çizilir. Nesneler gerçek büyüklüğünden çok çocuk için anlam derecesine göre çizilir. Çocuk yavaş yavaş mekan kavramına itibar eder, yer, hava, gök birbirinden ayrılır. Renk seçimleri gerçeğe uygun yapılır.

9-12 yaş arasında gerçekçi resim dönemi başlar. Bu dönemde çocuk, gerçeği resmetmeye başlar. Ancak resimde gölge ışık görülmez. Resimde bütünden çok detaylar üzerinde durulur. Nesnelerin önde arkada oluşuna dikkat edilir. Resimlerde bir kompozisyon vardır.

12- 14 yaş arası doğalcılık dönemidir. Çocuk bu dönemde gördüğü nesnelerin orantılarını, boyutlarını, derinliklerini çizgilerine yansıtır. Renk en iyi şekilde kullanılmaya başlanır. Derinlik ve gölgeleme kavramı anlaşılır. Ancak bu yaştan sonra kişisel bir ilgi ve yetenek yoksa resim yapma isteği gittikçe azalır.

Çocuğunuzda yaşıtlarından ileri seviyede ve etkileyici bir resim yeteneği görüyorsanız, onu takdir ve teşviklerinizle geliştirebilirsiniz. Bunun için, onu hayal veya düşüncelerini anlatan resim, maket, grafik ya da bir poster yapımı gibi çeşitli tasarımlara yönlendirebilirsiniz.

Çocuğunuz resimlerinde cetvel kullanmayı seviyor, orantılara dikkat ediyorsa, teknik ressam olabilir. Estetik duygusu güçlüyse desinatör olabilir. Malzemelerin şekillerine dikkat ediyorsa tasarımcı olabilir. Bilgisayarda resim oluşturmayı seviyorsa yine bir çok alanda yeteneği olabilir.

Çocuğunuzun zamanını, televizyon karşısında pasif bir şekilde geçirmek yerine, bir şeyler meydana getirmekle geçirmesine özen gösterin. Ev dağılıyor, etraf kirleniyor diye çalışmalarına mani olmayın. Bırakın kirlensin, birkaç dakikanızı ayırıp toplayabilirsiniz. Takdir ettikçe gelişebilecek olan yetenekleri, görmezden gelmeniz veya şikayet etmeniz nedeniyle körelebilir.

Matematiksel - Mantıksal Zeka

> *İyiliğin bilgisine sahip olmayana bütün diğer bilgiler zarar verir.*
>
> Montaigne

Matematiksel zeka özellikle günümüz eğitim sisteminde çok fazla önem kazanmış bir zeka türüdür. Bir çok meslek alanının matematik zekasına uygun olması nedeniyle aileler çocuklarının sayısal alanda başarılı olmasını isterler.

Mantıksal-matematiksel zeka, bir bireyin bir matematikçi, bir vergi memuru veya bir istatistikçi gibi sayıları etkili bir şekilde kullanabilmesi ya da bir bilim adamı, bir bilgisayar programcısı veya bir mantık uzmanı gibi sebep-sonuç ilişkisi kurarak olayların oluşumu ve işleyişi hakkında etkili bir şekilde mantık yürütebilmesi kapasitesidir.

Matematiksel zekanın temeli, sayı ve işlem gibi kavramları akıllıca kullanmaya ve sebep-sonuç ilişkisi kurabilmeye dayanır. Bilimsel düşünme, objektif gözlem yapma, elde edilen verilerden sonuç çıkarma, yargıya varma ve hipotez kurma yeteneklerini içeren bir zeka türüdür. Bu zeka türü, kavramları tanıma, sayılar ve geometrik şekiller gibi soyut sembollerle çalışma, bir bilginin parçaları arasında ilişki kurma ya da farklı bağıntıları fark etme kapasiteleri gerektirmektedir.

Bu zeka türünde gelişmiş insanlar, matematiksel ve bilimsel konulardan hoşlanırlar ve benzer şeyleri eşleştirme, karışık şekillerden resimler çıkarmada, problem ve bulmaca çözmede başarılıdırlar.

Bu zekaya sahip olan çocuklar, sayılarla düşünme, hesaplama, sonuç çıkarma konusunda başarılıdırlar. Olaylar arasında mantıksal ilişkiler kurma, hipotezler üretme, problem çözme, eleştirel düşünme kabiliyetine sahiptirler.

Matematik zekaya sahip çocuklar küçük yaştan itibaren her şeyin nasıl çalıştığını merak eder ve sorular sorar. Hızlı bir şekilde zihinden hesaplama yapar. Matematik aktivitelerini, strateji oyunlarını, mantık bulmacalarını sever. Mantık oyunları oynar, dama, satranç gibi düşünce gerektiren oyunlar oynamaktan zevk alır. Mantığa dayalı yapboz veya zeka ve yetenek testlerini çözerler.

Bu tip zekaya sahip çocukların, sayılar, işlemler, geometrik şekiller gibi soyut sembolleri kolayca kavradığı görülür. Problem çözmede, bilginin parçaları arasındaki ilişkileri kurma becerisine sahiptir.

Görsel zekaya da sahip iseler, grafikler ya da şekiller halinde verilen (görsel) bilgileri yorumlar, bilgisayar programları hazırlarlar. Grafik, şema, şekillerle çalışmaktan hoşlanırlar. Bu çocuklardan muhasebeci-satın alma, matematik ve mühendislik bilimleri, Bilim adamı, İstatistik, bilgisayar, ekonomi ve fen bilimleri alanlarında vb. bir çok meslek erbabı çıkabilir.

> *Öğrenmenin üç kaynağı vardır; çok görmek, çok acı çekmek, çok çalışmaktır.*
> CATHERALL

Çocuğumuza Matematiği Sevdirmek

Anaokulu yıllarında çocukların soyut düşünebilme yetenekleri yoktur, bu nedenle genellikle erken yaşlarda çocuklar sayı sayarken sadece ezberledikleri sayıları sayarlar. Ona parmak yardımıyla sayı saymayı öğretin. Çocuğunuzla sayı sayma alıştırmaları yapın.

Daha sonra onların matematik mantığını kavrayarak, sayı sayma işini anlamlı hale getirmeleri için somut şeyleri saymasını sağlayabilirsiniz. Bunun için öncelikli adım, aynı veya benzer şeyleri sınıflandırmayı öğrenmeleridir.

Çocuğun ortak özelliklere göre gruplandırma yapabilmesini oyuncakları vasıtasıyla sağlayabilirsiniz. Örneğin, oyuncak sepetindeki oyuncak arabalar kaç tane? Kamyonlar ve trenler gibi oyuncaklardan farklı bir grup oluşturun, bunlar kaç adet?

Daha sonra çocuğunuz oyuncak arabalarını renklerine, büyüklüklerine göre sınıflandırabilir. Bu onun için oyun gibidir. Sınıflandırırken nesneler arasındaki farklı ve ortak özellikleri görmeyi öğrenir.

Çocuğunuzla sayıların ne işe yaradığı hakkında konuşabilirsiniz. Ona günlük hayattan örnekler verebilirsiniz. Mesela apartmandaki kapı numaralarını tanıtabilirsiniz.

Çocuklar matematik kavramlarını oynarken konuşarak, dramatize ederek ve resim yaparak öğrenirler. Bu sırada ölçüleri tanırlar. Mesela arkadaşının boyu ile kendi boyunu karşılaştırmayı öğrendiği zaman, ona uzun kısa, büyük küçük kavramlarını tanımış olursunuz.

Ayrıca, çocuklar gün içinde bazı problemlerle başa çıkmak için, kendilerince çözümler üretirler. Mesela, çocuğunuz raftan resimli kitabını almak istiyor. Oraya ulaşması için sandalyeye mi yoksa masaya mı çıkmasının daha uygun olduğunu deneyerek öğrenecektir. Bu sırada büyük küçük kavramlarını tanıyacaktır.

Siz de çocuğunuza günlük hayatta karşılaştığınız küçük problemlerin çözümünü sorabilirsiniz. Böylece ona matematiğin hayatın parçası olduğunu kavratabilirsiniz. Örneğin; akşam yemeği için köfte yaptınız. Çocuğunuza, ailenin her bireyine kaçar köfte düşeceğini hesaplattırabilirsiniz. Daha büyük çocuklarınıza kek yaparken, büyük kalıp kullanacağınız zaman malzemeyi hangi oranda artırmanız gerektiğini sorabilirsiniz. Yarısı kadar bir kalıp için üç yumurta kırıyorum. Bu kalıp için kaç yumurta kırmalıyım gibi sorularla orantı mantığını kavratabilirsiniz.

Çocuklara farklı geometrik kavramları ve özelliklerini öğretmek için bloklar veya legolar ile şekiller yapabilirsiniz. Böylece çocuğunuz bir cismin üç boyutunu inceleme fırsatı bulur. Bulmacalar alın ve çocuğunuza şekiller vasıtasıyla parçaların yerlerini bulmasını öğretin. Matematik siz çocuğunuza oyunlarla yardım ettiğiniz zaman anlam kazanacaktır.

Problem çözebilme yeteneği matematiksel düşünmenin en temel özelliğidir. Bir problemi çözerken çocuklar farklı yollar kullanabilir ve farklı ama geçerli birçok sonuç elde edebilirler. Problem çözmek konu hakkında uzun ve detaylı düşünmeyi, mantıksal yorumlar yapmayı ve yeni şeyler keşfetmeyi gerektirir. Çocuğunuz problemlerin mantığını kavrayamıyorsa ona problemi daha basit parçalara ayırıp her birini ayrı ayrı kavratarak yardımcı olabilirsiniz. Problemi somut bir model üzerinde anlatarak kavratmak da etkili bir yol olabilir.

Mantık kurallarını kavratmak için çocuğunuzun doğal merakını kullanın. Bütün çocuklar meraklı varlıklardır, onların bu merakını problem çözme yetenekleri için kullanabilirsiniz. Günlük hayatta karşılaştığınız her hangi bir problemi çözerken çocuğunuzdan yardım alın. Mesela onu beraberinizde alış verişe götürün. "Sekiz adet sandviç ekmeğinin olduğu paketin fiyatı şu, altı adet sandviç ekmeğinin olduğu paketin fiyatın bu. Sence hangisi daha ekonomik," gibi sorular sorun. Böylece onun hem konu hakkında düşünmesini sağlarsınız hem de kendine güven kazanmasına yardımcı olursunuz.

> *Kendini beğenmekten daha büyük bir yalnızlık yoktur*
>
> Hz Ali

Sosyal Zeka

Başkalarına karşı beslediğimiz güvenin en büyük kısmını doğuran, kendimize olan güvenimizdir.

La Rochefoucauld

Kişiler arası zeka da denilen sosyal zeka, diğer insanlarla sözlü ve sözsüz iletişim kurma, gurup içinde işbirlikli çalışma yeteneklerini içerir. Bu zeka türünde gelişmiş insanlar, kendilerini başkalarının yerine koyma ve onları anlayabilme, duygu düşünce ve inançları ile özdeşleşebilme becerilerine sahiptirler.

Bu zeka türü, ruh halleri, huylar, yönelimler gibi insanlar arasındaki ilişki farklarını çok iyi algılar. İnsanlar arası benzerlik ve farklılıkları sezer, herkese karşı en uygun tutumu ortaya koyar.

Bu nedenle sosyal zekası güçlü olan kişilerin, bir grup içinde grup üyeleri ile işbirliği yapma, onlarla uyum içinde çalışma ve sağlıklı iletişim kurma yetenekleri mevcuttur. Bu zeka türüne sahip insanlar, genellikle başka insanların yaşantılarını iyi algılarlar. Empatiktirler, hatta insanların duygularını ve ihtiyaçlarını adeta yüzlerinden okurlar.

Sosyal beceride, insanların yüz ifadelerine, seslere ve mimiklere olan duyarlılık büyük önem taşır. Diğer insanlardaki farklı özelliklerin farkına vararak onları en iyi şekilde yorumlama ve değerlendirme yeteneği, en uygun tepkiyi vermekte büyük fayda sağlar.

Sosyal zekası kuvvetli olan çocuklar da küçük yaştan itibaren arkadaşları ve akranları içinde sosyalleşirler. En az bir veya birden fazla yakın arkadaşı vardır. Başkalarıyla birlikte çalışmayı ve oyun oynamayı severler. Arkadaşlarını sık sık ararlar. Arkadaşları da onunla birlikte olmayı sever. Başkalarına karşı empati kurar ve onları önemser.

Grup içerisinde popülerdirler, bazen de doğal bir lider görünümündedirler. Problemi olan arkadaşları ona başvurur, onlar da dinler ve yol gösterirler. Sosyal yönden zayıf arkadaşlarının yaşadığı problemlerin çözümlerinde hep arabuluculuk görevi yaparlar.

Bu tip çocuklar, okulda organizasyonların, komitelerin baş elemanlarıdırlar. Ders çalışırken arkadaşlarına konuyu anlatmaktan hoşlanırlar. Arkadaşları da çoğu zaman onu dinlemekten hoşlanır, ona değer verirler. Sınıf içinde alınan kararlarda fikrini belirtmesi halinde onu destekleyen mutlaka bir çok arkadaşı olur.

Bu zekaya sahip insanlar iş adamı, dini lider, öğretmen, politikacı, satıcı, halkla ilişkiler, organizatör, turizmci, psikolojik danışman gibi alanlarda başarılı olurlar.

> *Güvensizliğin üç mahzuru vardır: Can sıkıntısı, sabırsızlık, vakit öldürme.*
>
> Pascal

Çocuklarımızın Sosyal Becerileri

Anne babalar için çocuklarının sosyalleşmesi sıkıntılı bir konudur. Çünkü anne babalar bir yandan çocuklarının neşeli, iyimser, dışa dönük olmasını isterler. Bir yandan da onlara kötü örnek olacak ya da derslerini çalışmaktan alı koyacak arkadaşlara kapılmasından çekinirler. Çocuklarımızın arkadaşları tarafından ezilmesi, alay konusu olması, kişiliğinin zedelenmesi de endişelendiğimiz konular arasındadır.

Unutulmamalıdır ki, her çocuğun yaşına uygun bir şekilde sosyalleşmeye ihtiyacı vardır. Çünkü birey kişiliğini sosyal çevre içinde inşa eder. Başkalarıyla geçinmek, grupla uyumlu hareket etmek alışkanlığı sosyalleşirken kazanılır. Ayrıca kişinin kendisini başkalarına kabul ettirmesi, hakkını koruması, ilgi ve sevgi kazanması da yine sosyal çevre içinde olur.

Ancak yine unutulmamalıdır ki, her çocuğun sosyalleşme ihtiyacı farklıdır. Kimi çocuk, yakın bir arkadaşla yetinir, kimisi gruplaşmaktan hoşlanır. Kimisi grupta uyumlu bir üye olur, kimi liderlik eder.

Eğer çocuğumuzun hiç arkadaşı yok, arkadaş edinme güçlüğü çekiyorsa onun tutumlarını gözden geçirmek yardımcı olabilir. Eğer çocuğunuz arkadaş edinmede güçlük çekiyorsa, kendi davranışlarını gözden geçirmesinde ona yardım edebilirsiniz.

Mesela çocuğunu, kendisin bir şeyler anlatmak isteyen arkadaşlarını ilgiyle dinliyor mu?

Arkadaşlarıyla ilişkilerinde en az kendisi kadar onları da düşünüyor ve bencil olmaktan sakınıyor mu?

Duygularını ve davranışlarını kontrol edebiliyor mu? Yoksa sinirlenince sık sık kontrolden uzaklaşıyor mu?

Arkadaşlarıyla günlük deneyimleri hakkında sohbet edebiliyor mu? Yoksa aşırı ciddi bir görünümü mü var?

Çok içe kapanık, etrafında olup bitenlerden habersiz çocuklar pek sosyalleşemez. Çünkü herkesin konuştuğu konuya ilgisizdir, ne konuşulduğunu bile anlayamaz.

Çocuğunuz arkadaşlarıyla alay ediyor mu? Kendisine karşı yapılan olumsuz hareketlere karşı kendisini ölçülü bir şekilde savunabiliyor mu?

Kıskançlık gibi olumsuz duygularını kontrol edebiliyor mu?

Arkadaşıyla bir sorun yaşadığında yanlış hareketleri için özür dileyebiliyor mu?

Bütün bunlar arkadaşlık ilişkilerini yürütmesinde önemlidir. Ancak hepsinden önemlisi, çocuğun, ne kibirli, ne aşağılık kompleksli olmaması, kendine güven duyan ama başkalarını da önemseyen biri olmasıdır.

> *Verilen öğütlerden yalnız akıllılar yararlanır.*
> SYRUS

İçsel Zeka

> *Konuşmak, öğrenmeye yol açar; ama dehanın okulu yalnızlıktır.*
> GİBBON

Kişinin Kendine Dönük Zekası da denilen içsel zeka, kişinin kendini yönlendirme, idare etme ve kendini tanıma kapasitesidir. Bu tip insanlar başkaları tarafından sevilme ihtiyacını daha az hissederler, bağımsız ve kendi başlarına buyrukturlar. Öncelikle kendi ilgilerine ve amaçlarına odaklanmışlardır. Bu zeka tipi, derin düşünce, hayal kurma, hedef koyma, bir davaya adanma yeteneğiyle kendini gösterir.

Bu zeka tipine sahip kişiler ilgi duydukları konuları kendilerine saklarlar. Kendi hisleri ve fikirleri hakkında pek fazla konuşmazlar. Konuşmaları gerektiğinde de abartmadan olduğu gibi söylerler. Genelde tek başına düşüncelerini olgunlaştırmayı ve çalışmayı tercih ederler.

Bu tip zekaya sahip kişiler, başkalarıyla konuşmaktansa kendi kendine hayal kurmayı, düşünmeyi sever. Yapacaklarını başkalarıyla konuşup tartışarak değil kendi kendine ölçüp biçerek kararlaştırır. Genelde bu tipler hedeflerini kimsenin etkisinde kalmadan kendisi seçmek ister. Başkalarının onu yönlendirmesinden de işine karışmasından hoşlanmaz.

Bu tip zekayı içe kapanıklıkla, sosyofobiklikle karıştırmamak gerekir. Bu tipler sosyalleşmek gerektiğinde yüz kızarması, çarpıntı gibi bir sorun yaşamazlar. Gerektiği kadar sosyalleşebilirler, sadece sosyalleşmeye büyük bir önem atfetmezler. Bireysel başarılarını önemserler ve isteklerini, kendileri için isterler.

Bu tiplerin kendilerine dair kuvvetli sezgileri vardır. Kendilerinin güçlü ve zayıf yönlerini iyi analiz ederler. Duygularını tanırlar, duygusal tepkilerinin derecesini, kendi öz benliğini bilirler ve başkalarına ifade etmekte başarılıdırlar. Çoklu zeka kuramının sahibi Gardner, bu zeka türünün çok özel olduğunu ve diğer zeka türlerinin tümünü kapsadığını savunmaktadır. İnsanın kendi yeteneklerini iyi bilmesi, onları kullanmasını anahtarıdır. Kendini iyi tanıyan bir insan zayıf yönlerini de düzeltebilir.

İç gözlem becerisine sahip çocukları küçük yaştan itibaren fark edebilirsiniz. Bunlar olayların soyut bir yorumunu yapmakta başarılıdırlar. Mesela bir filmin başkarakterinin yaşadıkları karşısındaki hislerini sorsanız, bunu doğruya yakın bir şekilde açıkladığını görürsünüz.

Bu çocuklar genellikle soyut değerleri anlamakta başarılı olduğu gibi, kendi değerinin ve amaçlarının da farkındadır. Bu çocukların içe kapanık ve çekingen olduğunu düşünmemelisiniz. Hatta onu düşünmeye, oturup kafa yorarak fikir üretmeye, farklı düşünmeye, hayal kurmaya teşvik etmelisiniz.

Çünkü hemen hemen tüm zeka türleri, ancak kendi değerinin ve amaçlarının farkında olan bireyler tarafından değerlendirilebiliyor. Özellikle sanatkarlar ve düşünürler için iç gözlem yapmak, olayların gönül aynasında yansıyan soyut değerleri üzerinde fikirlerini berraklaştırmak çok önemli.

İçsel Zeka Nasıl Geliştirilir?

Çocuğumuzun kendi kendine oynamaktan, düşünmekten, resim yapmak gibi bireysel faaliyetlerden daha fazla zevk aldığını görüyorsak hemen çekingen, asosyal diye düşünüp endişelenmemize gerek yok. Aksine her hangi bir sosyal problemi yoksa, onun bu özelliğinin az bulunur bir özellik olduğunu düşünerek, onun içsel zekasını geliştirmek için bir şeyler yapabiliriz.

Genellikle içsel zekaya sahip çocuklar okumayı sever. Hayal alemlerini zenginleştiren kitaplarla, kendilerini farklı maceralarda, farklı kahramanların yerinde görmeyi severler. Çocuğumuzu bir kütüphaneye üye yaparak, daha çok ve nitelikli kitaplar okumaya teşvik edebiliriz. Bu kitaplar onu farklı ufuklara taşıyacak, yeni ilhamlar verecektir. Sonra onunla okuduğu kitap üzerinde konuşarak, fikirlerini ifade etmesine imkan verebiliriz. Belki bu konuşmalar onun geleceğini planlamasında ilham verici olabilecektir.

Bunun yanında çocuğumuzun kendi kendine yapmayı sevdiği etkenliklerle yakından ilgilenmemiz iyi olur. Böylece hangi etkinliği seviyorsa o konuda kendisini geliştirmesine destek olabiliriz. Eğer resim yapmayı seviyorsa, onu yaşına uygun bir gelişimle daha nitelikli resimler yapması için bilinçlendirebiliriz. Bunun için resim tekniklerini anlatan bir kitap, resim malzemesi, ilham veren manzara resimleri alabiliriz. Resim sergilerine götürüp, yarışmalara katılmaya özendirebiliriz. Böylece kendisini denemesine ve hedeflerini netleştirmesine yardım edebiliriz.

Çocuklar içsel zeka konusunda yavaş bir gelişim gösterirler. Çoğu zaman iç dünyalarındaki hisleri ve hayallerini objektif bir şekilde değerlendiremezler. Onları iç dünyalarında yalnız bırakmamak, daha gerçekçi ve dürüst değerlendirmeler yapabilmelerini sağlamak için bizim yaklaşımımız önemli olacaktır. Bununla birlikte ona aşırı müdahale etmemiz de baskı altında hissetmelerine sebep olacaktır. Onun hayal ve hislerini olgunlaştırmaları için zamana ihtiyacı olduğunu unutmamalıyız. İç dünyalarına çekildikleri zamanlarda anlayış göstermeliyiz.

> *Bildiklerini saatin gibi kullan; kendine sakla.*
> *Herkesin ortasında sık sık çıkarıp caka satma.*
> CHESTERFİELD

Mistik Zeka

> *En iyi öğüdü ancak kendine verebilirsin.*
> CİCERO

Mistik zeka, kişinin, metafizik düşüncelere ve inançlara ilgi duymasını sağlayan, anlam ve değer zekasıdır. Hemen hepimizin içinde bulunduğumuz maddi gerçekliğin ötesinde bir manevi plana dair inançlarımız vardır.

En azından hayatımızın tesadüf eseri akıp gitmediğine, yaşananların bir plan dahilinde olduğuna inanmak bizim vicdani bir ihtiyacımızdır. Biz bugün buradayız. Bu anne babanın evladı olarak, bu ülkenin vatandaşı olarak doğduk. Kendimizi belli çevresel şartlar içinde bulduk. Bunu biz seçmedik, birisinin bizim için seçtiğini de bilmiyoruz. Bu noktada iki tavrımız olabilir, ya her şeyi tesadüf eseri sayacağız, ya da bizim için bir hayat hikayesinin seçildiğine, yani kadere inanacağız.

Kadere inanmak, yani en azından bizim hangi yetenek ve özelliklere sahip olarak doğacağımızın önceden seçilip takdir edildiğine inanmak, çoğumuz için kaçınılmazdır. Neden erkek/bayan olarak doğdum? Neden zengin/orta halli bir ailenin çocuğuyum? Neden süper zeki veya üstün yetenekliyim/değilim? Bunların cevabını kim verebilir? Bunlar eğer kör tesadüf değilse, bir takdir, seçim yani kader var demektir.

Kader inancı, çoğu zaman kalbimize belli bir huzur verir. Çünkü her şeyin başıboşça bir akış ve tasadüfi olaylar değil, bir planın parçası olduğuna inanmak, bizi güvende hissettirir. Başımıza gelen bir iyi kötü bir olay karşısında ölçülü tepki vermemizi sağlar. Eğer acı veren bir olay, bir hayal kırıklığı yaşamışsak, "bu derdi verenin dermanını da vereceğini" düşündürür. Eğer güzel bir şey yaşamışsak, kibirden baş dönmesi yaşayarak değil, şükranla kıymetini bilerek tepki vermeyi sağlar.

Ayrıca inançlarımız bizi doğru ve iyi sayılan davranışları yapmamız, kötülüklerden uzak durmamızda da destekler. Bizim bir sınamadan geçirildiğimizi, iyi davranışlarda tutarlı olursak yardım göreceğimizi hissettirir. Kötü davranışlara kaydığımız zamanlarda da ümitle kendimizi toparlamamıza yardım eder. Hataların da kaderin bir parçası olduğu, bundan ders almanın mümkün olduğunu düşündürür.

Hemen hepimiz, nasıl davrandığımız, tercihlerimizi hangi değerler çerçevesinde yaptığımız, yaşadıklarımıza nasıl tepki verdiğimiz konusunda inançlara ihtiyaç duyarız. İnancı olmayan insan yoktur. Metafizik hiçbir açıklamaya inanmayanlar da maddeye iman eder, maddi dünyanın görünen işleyişinin tek gerçeklik olduğuna inanırlar. Ancak bu inanç çoğu zaman acı vericidir. Çünkü insan sürekli yaşlanmakta ve ölüme doğru gitmektedir. Maddi varlığımız çeşitli tehlikeler altındadır ve ölüm de kaçınılmazdır. Çoğu zaman bizi teselli eden, ölümün bir son olmadığı inancıdır.

Mistik zeka, tıpkı içsel zeka gibi, kişinin somut-pratik yeteneklerini değerlendirmesini motive eder. Ayrıca yeteneklerini iyiye, güzele, başkalarıyla ortak yarara, insanlığın hizmetine kullanmasına yol gösterir. İnsanın yüksek amaçlara motive olmasını ve idealizmini mistik zeka destekler.

Bunun yanında mistik zeka insanın can simidi gibidir. Hepimizin yaşayarak bildiği gibi, hayat sürprizlerle doludur. Bazen insanın başına ummadığı felaketler gelebilir. Bazen küçük bir hayal kırıklığı veya kayıp bile kişinin duygusal dengesini darmadağın edebilir. İnsanın hayat boyunca düştüğü çeşitli durumlardan çıkmasına en fazla yardım eden, mistik zekasıdır. Mistik zeka, stres, panik atak, depresyon gibi günümüzde yaygın ruhsal problemlere karşı adeta manevi bir kalkan gibidir. Özellikle düzgün, akla ve vicdana uygun bir inançla çizilmiş mistik dünya görüşü, ruh sağlığımızın sigortası yerindedir.

Bazı kişilerin dünya hayatına anlam veren manevi içeriğe diğer insanalrdan daha fazla önem verdiğini görürüz. Kimileri dini, tasavvufi, ahlaki bir dünya görüşüyle, kimileri para psikolojik olayların incelenmesi gibi yollarla, kimileri de falcılık, büyücülük gibi uğraşılarla mistik zekalarını değerlendirir. Elbette her tür zekanın iyiye-kötüye bayağı amaçlara- yüksek ideallere kullanılma imkanı vardır.

> *Dil sürçeceğine ayak sürçsün daha iyi.*
>
> HERBERT

Çocuğumuz ve Metafizik

Mistik zeka, diğer zeka türlerine nazaran daha ileri yaşlarda olgunlaşan bir zeka türüdür. Çocuğumuz büyüdükçe, metafizik konularda ve inanç bahislerinde sorular soracaktır. Melekler, şeytan, ahiret, hatta Allah'a dair soruları olacaktır. Bu gibi zor sorulara düzgün cevaplar vermeniz onun dünyaya bakışında çok önemli olacaktır.

Çocuğunuzun ölüm ve ötesine dair sorular sormasını belki de dedesi gibi bir yakınının ölümü tetikleyebilir. Onu korkulara ve karmaşık hislere itmeden, anlayabileceği açıklamalar yapmalısınız.

Çocuğumuzun mistik zekasını özgürce geliştirmesi için, ona sağlam ve düzgün bir inanç aşılamanız önemli. Mesela gördüğü bir rüyayı size anlattığı zaman önemsemez bir tavırla geçiştirirseniz o da rüyaların önemsiz olduğunu düşünür. Oysa beynin derinliklerinde bulunan, sezgilerle ve rüya görmeyle ilgili merkezin büyüklüğü, çocuklarda yetişkinlere oranla daha büyüktür. Rüyalara ve mistik tecrübelere önem verilen yerli kabilelerinde bu beyin merkezinin gelişimine devam ettiği bilinmektedir. Bu kabileler, telepati gibi yeteneklerini günlük hayatta dahi kullanabilmektedirler. Oysa modern insanda beyin kabuğu kıvrımlanarak gelişirken iç beyindeki sezgisel yetenekler körelmektedir.

Modern dünya mistik duygu ve parapsişik yeteneklerin gereksiz olduğunu düşünmekte aşırıya kaçmıştır. Oysa günümüzde düşünür, şair ve sanatçılar gibi kişilerin ürünlerinde ilham ve sezgilerin ne kadar önemli olduğu anlaşılmaktadır. Şairler, müzisyenler, sufi düşünürler ve din adamlarında mistik zekanın ileri düzeyde olduğu düşünülmektedir.

Mistik zekanın biçimlenmesinde, çevresel şartların ve eğitimin oldukça büyük bir önemi vardır. Örneğin günümüzde mistik zekayı bir aldanış sayan, hor gören, maddeci bir dünya görüşü okullarımızda hakimdir. Bu nedenle çocuklarımız okul ve çevresinde metafizik meraklarını baskılamak zorundadır.

Ancak konuya duydukları ilgi onları eninde sonunda bilgi edinecekleri bir kaynağa yöneltecektir. Günümüzde çocuklar ve gençler bu konulardaki merakları sebebiyle, uzaycı-ufocu tarikatlar, satanist çeteler, tuhaf kehanetlere inanan yahut garip dünya görüşleri ileri süren gruplara ilgi gösterebilmektedirler. Bu nedenle çocukların metafizik konularda da meraklarını, sağlam ve düzgün kaynaklardan gidermelerine yardımcı olmak anne babalara düşmektedir.

Her insan rüya görür. Bazen rüyaları aynen veya simgelediği şekilde gerçekleşir. Bazen insan bir anı daha önce yaşadığını hisseder. Bazen anlam veremediğimiz bir his, bizi bir kişiye yaklaştırır, uzaklaştırır. Bu gibi olayların gerçek açıklamasını hemen hekes merak etmektedir.

Bunun yanında bilimin açıklama getiremediği daha birçok olay vardır. Mesela yazarlar, şairler, bestekarlar, ilham adını verdikleri bir tecrübe yaşamaktadırlar. Bütün bunlar açıklamaya muhtaç konulardır.

Bu gibi konularda sağlıklı bilgi elde etmek için bilimsel yöntemler yeterli midir? Bilimin bu gibi konuları daima basite indirger bir tutum takındığını görüyoruz. Oysa sufi düşünürler varlığın Allah'ın tecellilerine ayna olduğunu söylüyorlar. Özellikle insan gönlünün, dış dünyanın gürültü patırtısından uzaklaşarak berraklaştığında çeşitli ilhamlarla dolabileceğini ileri sürüyorlar.

Bu inanç, kadim dinlerden beri mevcut ve hemen bütün dinlerin dejenere olmamış ilk biçimlerinde, gönül aynasını temizlemek ve berraklaştırmak için yapılan bazı çalışmalar var. Tasavvufta rabıta, zikir adı verilen bu çalışmaların eski dinlerde de mevcut olduğunu, değişmiş bir şekilde de olsa günümüze ulaştığını görüyoruz. Ne yazık ki kendi inancımızın manevi yorumunu ve uygulamalarını yasakladığımız için bugün yozlaşmış ve hakikatten uzaklaşmış "mistik uygulama kalıntıları" ülkemizde alıcı bulabilmekte...

Oysa kendi kültürümüz, ruh ile madde, dünya ile ahiret arasında daha dengeli ve ılımlı bir kültürdür. Hem akla hem vicdana hem ruhun aradığı manalara cevap verebilen bir kültür yapımız varken, mistik meraklarımızı falcılara, sahte şifacılara vs. açmamız ne kadar üzücü...

> Ne öğüt verirsen ver, yalnız kısa olsun.
>
> HORİTUS

Farklı Zeka Türleri

İnsanın yapabileceği en büyük fenalık, kendisine olan güvenini kaybetmesidir.

Richard Bernedici

Çoklu zeka kuramının önemli bir özelliği, insanları kategorize etmemesidir. İnsanlarda bu sayılanlardan başka zeka türleri de bulunabilir. Aslında bütün zeka türleri, her insanda bulunur, ama oranları farklıdır. Bazı insanlarda içlerinden biri belirgin bir şekilde ağır basar ve onun hayatına önemli ölçüde yön verir. Bazen de bir insanda birden çok zeka türü ağır basabilir. Böylece bir çok özellik bir araya gelerek, farklı yetenekleri ortaya çıkarabilir.

Örneğin, kişide hem iç gözlem zekası, hem sözel zeka bir arada bulunuyorsa, çok güzel romanlar ve şiirler yazabilir. Hem mistik zeka, hem iç gözlem zekası, hem sosyal zeka bir aradaysa ruhani bir lider, maneviyatçı bir psikolog olması imkanı artar. Bunun gibi birçok farklı durum olabilir. Günümüzde bir çok yeteneği bulunan, bunların hepsini geliştirip sentezleyip farklı bir şekilde yorumlayan pek çok meslek erbabı, sanatçı, düşünür vardır.

Mesela hem sosyal konulara duyarlı, hem sözel zekaya sahip, hem de idealizm sahibi bir insandan güçlü bir gazeteci ve haber yorumcu çıkabilir. Politika, diplomasi, yöneticilik gibi alanlarda pek çok zeka türü bir arada bulunmalıdır. Bilgisayar programcılığı gibi işlerde de hem matematik zekası, hem görsel zeka, hem yeni biçimler tasarlayabilme gücü gereklidir.

Burada sayılanlardan farklı, az bilinen zeka çeşitleri de mevcuttur. Mesela teknoloji veya idari bir alanda yeni fikirler ileri sürmek, karar almada gruba yardım etme, sorunları ve çözümleri gözünde canlandırabilmek önemli bir zeka göstergesidir. Bu tip bir zeka, hem diğer zekaların bileşimini, hem koordineli kullanabilmeyi içerir.

Bunu yanında hangi zeka ve kabiliyet türü olursa olsun, hepsi de desteklenmeye ve geliştirilmeye muhtaçtır. Ortalama bir kabiliyet, çalışarak meyve verir hale gelirken, üstün bir yeteneğin körlemesi de mümkündür.

Çocuğumuz hangi tür zekaya sahip olursa olsun, onu cesaretlendirmek, desteklemek anne baba ve eğitimcilerin görevidir.

Günümüz eğitim sistemi, toplumun ihtiyacından çok fazla matematiksel ve sözel alanda eğitilmiş, teorik bilgiler ezberletilmiş ve tek tipleştirilmiş bir nesil ortaya çıkarmaktadır. Oysa bir çocuğun belli bir alanda üstün zekası varsa, diğer çocuklarla aynı eğitim almaya zorlamak onun kabiliyetini köreltmekte, hem de şahsiyetini zedelemektedir.

> *Denetlendiği vakit sevinen, eleştirildiği vakit gülen yaratığa büyük adam denir.*

Bir Alanda Üstün Zekaya Sahip Çocukların Eğitimi

1- Üstün zekalı çocuklar, normal zekaya sahip çocuklardan daha süratli öğrendiklerinden, derslerde gereksiz tekrarlardan kaçınılmalıdır.

2- Kendilerine özgü ilgi ve merakları üzerinde çalışmalarına fırsat verilmelidir.

3- Çoğu özel yetenekli çocuk, kendi başına çalışmayı sever. Grupla olduğu kadar, bireysel çalışmalara da önem verilmelidir.

4- Bir konu hakkında bilgi edinmek için çok şey sorarlar, çok kitap karıştırırlar. Bunun için proje çalışmalarına yer verilmelidir.

5- Ders uğraşılarında kuru ve kitaba bağlı bilgilerden çok, geniş gözlem, deney ve araştırmalara yer verilmelidir.

6- Kendi günlük başarıları onları tatmin etmediğinden çeşitli uyumsuzlukları olabilir. Onlara kendilerini tatmin edecekleri ders içi ve ders dışı özel uğraşılara yer verilmelidir.

7- Üstün zekaya sahip çocukların muhakeme yetenekleri normal çocuklardan daha üstündür. Bu nedenle yetişkinlerin fikirlerinde ve kurallarında kusur veya çelişki yakalayabilirler. Onlara fikirlerini özgürce ifade etme şansı tanınmalıdır.

8- Yaşıtlarından daha karmaşık olayları, mesela dünya siyasetini vs. anlayabilirler. Bu gibi yeteneklerinin gelişmesi için fırsat verilmelidir.

9- Çoğu zaman geniş bir kelime haznesine sahiptirler. Konuşmalarına değer verip, dinlenilerek, kendilerini daha da geliştirmesine destek verilmelidir.

10- Öğrenme yetenekleri normallere göre daha üstün olduğundan, müfredat programındaki konular genişliğine ve derinliğine zenginleştirilmeli, yorumlamasına fırsat verilmelidir.

Üstün zekalı öğrenciler yeni yollar ve çözümler bulma yeteneğine sahiptirler. Bu özelliklerinin geliştirilmesi için aşağıdaki bilgiler göz önünde bulundurulmalıdır.

1- Bir problem çözümünde, o problemin çözüm yolları ile ilgili, çocuklar tarafından ortaya atılan fikirler üzerinde tartışma yapılmamalıdır. İleri sürdükleri fikirlerin acayipliği hoş karşılanmalıdır.

2- Farklı düşünce biçimine ve fikir yürütmeye teşvik edilmelidir. Orijinal fikirleri teşvik edilmelidir. Problemlerin değişik yollarla çözümüne fırsat verilmeli ve zemin hazırlanmalıdır.

Üstün zekayı körelten eğitim hataları

Bu günkü İlköğretim ve diğer okullarda uygulanan müfredat programları hazırlanırken normal çocukların öğrenme kapasitesi göz önünde tutulduğu için, üstün zekalı çocuklara cevap verememektedir.

Programın kapsadığı alanlar ve konular üstün zekalı çocuklara hafif gelmektedir. Bu nedenle; üstün zekalı çocuklar, konuları yaşıtlarına göre daha çabuk öğrendiklerinden, diğer zamanlarda çeşitli problemler yaratırlar. Çünkü gereksiz tekrarlar bu tip çocuklar için can sıkıcı bir hal alır.

Üstün zekalı çocuklar az bir gayretle sınıf seviyesinin üstünde bir başarı gösterdiklerinden kendi kapasiteleri oranında çalışma zorunluluğu duymaz, çaba göstermez ve tembel kalırlar.

Bunun yanında ödevlerle ilgili olarak sıkça yapılan hatalar da vardır.

1- Belirli bir uğraşın belirli zaman limitleri içerisinde bitirilmesinin zorunluluğunun belirtilmesi.

2- Ödevlerin üst üste yığılması.

3- Yapılan işte ve ödevlerde gereğinden fazla şekilcilik ve özenti üzerinde durulması.

4- Ödevlerde öğrencilerin bir şeyi olduğu gibi kopya etmeye teşvik edilmesi.

5- Ödevlerde ufak tefek hatalardan dolayı öğrencilerin azarlanması.

6- Gözlem, araştırma ve deneylerin gereksizliğine inanılması, bu çalışmaların sınıf uğraşılarında öneme alınmaması.

7- Akademik konular için, resim-iş, beden eğitimi ve müzik gibi derslerin feda edilmesi.

Klasik eğitim anlayışının bu hatalarından günümüzde vaz geçilmeye başlanmıştır. Artık çoklu zeka teorisine uygun bir şekilde değişik ders işleme metodları ve onlara uygun değişik malzemelerin kullanması yaygınlaşmaktadır.

Yeni metotta aynı şeyi her öğrenciye sahip olduğu zekâ türüne uygun metotlarla ve malzemelerle öğretme yolu denenmektedir. Bu metot birbirinden farklı anlama kapasitesi olan çocukların daha kolay öğrenmelerini sağlayacaktır.

Bu metotta görsel zekâsı gelişmiş olan çocuklar resimlerle ve video filmlerle daha zevkli öğrenirlerken, bedensel zekâsı olan çocuklar dokunarak, deneyerek ve uygulayarak daha iyi öğrenecekler. Matematik zekâlı çocuklar mantığa dayalı, sebep sonuç ilişkileriyle rahatça öğrenirken, müzik zekâlı çocuklar müzikle, dilsel zekâsı olan çocuklar ise dinleyerek ve okuyarak öğrenmede daha başarılı olurlar, sosyal zekâlı çocuklar konuşup, iletişim kurarak, kendine dönük zekâsı olan çocuklar ise tek başına çalışarak öğrenmekten zevk alırlar.

Çoklu zeka teorisinin okullarda öğretmenler tarafından uygulanması çocukların üstün olan yönlerini ortaya çıkaracak ve zeka türlerini geliştirip kuvvetlendirmelerini sağlayacaktır. Ayrıca sınıfta kendilerine sağlanan çoklu zeka teorisine göre hazırlanmış ders ortamlarında diğer zeka tipleri de gelişecektir.

'Çoklu Zeka' yöntemiyle çocuklar üstün yanlarını keşfedip bunu daha da kuvvetlendiriyorlar. Böylece çocukların kendilerine olan güvenleri artıyor, okula ve öğrenmeye karşı daha ılımlı bir tutum geliştiriyorlar. Bu da hem okul başarılarını hem duygusal gelişimlerini destekliyor.

> *İyimser, her felakette bir fırsat; kötümser de her fırsatta bir felaket görür.*
>
> Anonim

Çocukların Oyuncak Seçimine Göre Zeka Tipi

Çocukları iyi yapmanın en iyi yolu onları sevindirmektir.

Oscar Wilde

Uzmanlar, çocukların oynamayı tercih ettiği oyuncağın, zeka, merak alanı ve karakter gelişimi üzerinde önemli etkileri olduğunu belirterek, çocuğun oynadığı oyuncağın anne ve babasına verdiği en önemli geri bildirim olduğuna dikkat çekiyor. Uzmanlara göre, topla oynayan çocuk organizatör ya da mimar, peluş hayvan meraklısı halkla ilişkilerci ya da psikolog, uzaktan kumandalı oyuncak arabayla oynayan çocuk inşaat mühendisi ya da makine mühendisi, ahşap küp bloklar ve oyun hamuruyla oynayanlar da ressam ve heykeltraş olmaya yatkın.

Her çocuğun severek oynadığı oyunlar ve oyuncakları farklıdır. Oyuncakların küçük çocuklar üzerinde hem karakter özelliklerinin, hem de zeka boyutlarının gelişimi üzerinde etkileri vardır. Çocuklarımız ilgi ve eğilimlerini de oyuncak seçimine bakarak anlayabiliriz.

Anne babalar olarak, onlara farklı oyuncak seçenekleri sunarak, farklı zeka ve karakter özelliklerini destekleyebiliriz Bu sayede çocuğumuz, kendisini en doğru şekilde ifade etmiş olabileceği gibi, yeteneklerini geliştirmeye de başlamış olacaktır.

Bu arada çocuklara popüler olmakla birlikte faydasız, hatta zararlı olabilecek oyuncaklara yönlendirmekten kaçınmamız da önemli. Örneğin, çocuğumuzu şiddete yönlendiren, silah gibi oyuncaklar ya da yine yanlış rol modelleri benimsemesine sebep olacak olan ince bedenli yetişkin bebekler yanlış seçim olacaktır.

Bunun yanında çocuğun zihin süreçlerini desteklemeyen, mesela çocuğun pasif bir şekilde izlediği ses ve ışık çıkaran oyuncaklar da ileride onun potansiyellerinin çok gerisinde kalmasına neden olabilir. Bu durumda çocuğumuz kendini keşfedemeden, potansiyellerini bilmeden ve yaşayamadan yaşamını harcamış olacaktır.

Çocuğunuzun en çok vakit geçirdiği oyun ve oyuncak türleri onun hangi mesleğe yatkın olabileceğini şöyle işaret ediyor.

Top

Top, bedensel zekayı, değişikliğe odaklı karakter profilini ön plana çıkartan bir oyuncaktır. Ayrıca topla grup halinde oynayan çocukların ileride farklı insanlarla ve farklı mekanlarla etkileşim gerektiren, hareketin ön planda olduğu mesleklerde daha mutlu ve başarılı olabileceğinden söz edebiliriz. Organizasyon işleri vb.

Yapbozlar ve Legolar

Çocuğun görsel zekasını öne çıkarır. Nesneleri, şekilleri kullanmayı destekler. Tasarım, teknik resim vb. çalışma alanlarını seven çocuklara göredir.

Peluş Hayvanlar

Hislerin ön planda olduğu duygusal insan profilini destekler. Bu tür oyuncaklarla oynayan çocukların ileride insanla etkileşimin yoğun olduğu mesleklerde mutlu ve başarılı olmalarından söz edebiliriz. Halkla ilişkileri, psikoloji, doktorluk, hemşirelik vb.

Müzik Enstrümanı

Oyuncak enstrümanlar çocukların özellikle hissel karakter özelliklerini destekler. Müzikle etkileşimi sırasında çevredeki insanların ne şekilde devreye girdiği, çocuğun başkalarından etkilenen veya etkilenmeyen karakter profilini geliştirmesinde önemlidir. Müzisyenlik, radyoculuk...

Oyuncak Araba

Çocuğun teknik merakını işaret edebilir. Desteklediği zeka boyutlarından dolayı uzaktan kumandalı oyuncak arabayla oynayan bir çocuğun profiline uygun örnek meslekler mühendislik çeşitleri olabilir.

Boya Kalemleri

Çocuğun resim kabiliyetini gösterebilir. Yaptığı resimler yaşına oranla ileri seviyede ise, ressamlık, desinatörlük vb. yetenekleri işaret edebilir.

Kukla

Kuklalar insanlarla etkileşimden hoşlanan ve hayal gücü yüksek çocuk profilini destekler. Kukla oyununun senaryosuna bağlı olarak çocuk merak duyduğu alanlarda düşünmeye sevk edilerek, araştırmacı çocuk profili desteklenebilir. Kukla ağırlıklı olarak hissel özellikteki karakter profilinin gelişimine destek olur. Kuklayla oynayan bir çocuğun profiline uygun örnek meslekler; gazetecilik, uluslararası ilişkiler, yönetmenlik gibi.

Bisiklet

Başkalarından etkilenmeyen, değişikliğe odaklı karakter özelliklerini destekler. Bu oyuncakla etkileşen çocuklar ileride farklı mekanlarda çalışmaya imkan sağlayan ve masa başı işinden ziyade, bedensel hareketin ön planda olduğu işlerde daha mutlu ve başarılı olabilirler. Doğa bilimci, sporcu, dansçı tarzı meslekler.

Ahşap Küp Bloklar ve Oyun Hamurları

Ahşap küpler daha ziyade mantıksal davranış profilini desteklerken, oyun hamurları hislerin ön planda olduğu duygusal davranış profilini destekler. Ressam ve heykeltıraş tarzı meslekleri işaret eder.

Kendi Oyuncağını Yapmak

Eskiden çocuklar bir kutuya tekerlekler uydurup, ip bağlayarak, basit bir araba yapardı. O araba çocuğun hayal gücü sayesinde dünyanın en güzel oyuncağı olurdu.

Ninelerin artık kumaşlardan diktiği bez bebekler, küçük kızlar tarafından anne şefkatiyle bakılırdı. O artık basit paçavra değildi, minik kızın şefkatli elleriyle büyütülen bir hayali bebekti. Bu basit oyuncaklar, çocukların hayal gücünü destekliyordu.

Günümüzde en ince ayrıntısına kadar düşünülerek tasarlanmış oyuncaklar, çocukların her hangi bir şey hayal etmesine fırsat bırakmıyor. Yanıp sönen ışıkları, gürültülü sesleriyle çocuğun hayallerini susturan bu oyuncaklar, sadece pil harcamaya yarıyor. Çocuk pasif bir şekilde oturuyor, seyrediyor. Oyuncak hırlıyor gürlüyor, mekanik adımlarla gidiyor geliyor, çocuk ise sadece bakıyor.

Oysa bacaklarının arasına sıkıştırdığı sopaya at niyetine binen bir çocuk, onunla dünyayı gezerdi. Koşar oynar, hayal gücüyle maceralar yaşardı. Akülü bir arabaya binen bir çocuk bu maceraları hayal etmeye fırsat bulabilir mi?

Büyük bir ihtimalle bu çocuğun tek düşündüğü, "bunu aldırdığıma göre, bundan sonra ne isteyeyim?" Oysa babasının yardımıyla çıtalardan bir uçurtma yapan bir çocuk, o sırada babasıyla neler yaşar düşünsenize. Birlikte yapılan bir oyuncağın keyfi, paylaşılan duygular, iş birliği yeteneği ve en önemlisi babadan gördüğü ilgi...

Oyuncaklarını kendisi yapan çocuklar, kendi becerilerini ortaya koyuyorlardı. Basit malzemelerden yapılmış oyuncaklarına hayal güçleriyle roller giydiriyorlardı. Adeta bir film yönetmeni gibi, akıllarındaki senaryoya göre çevrelerindeki nesneleri canlandırıyorlardı.

Günümüzde çocukların odası plastik nesneler çöplüğü gibi... Çocuklar oyuncaklarının onlara bir teselli vermesi için o kadar zorluyorlar ki, nihayetinde kendilerini oyuncaklarını parçalamış buluyorlar. Onlara kızmalı mı?

Seyircisini bu kadar bir oyuncak araba parçalanmayı hak etmiyor mu?

Çocuklarımız oyuncak arabaları söküp takarak olsun kendilerini bir şeyler yapar ve becerir görmek istiyorlar. Bırakın da bunu bari yapsınlar!

5. Bölüm

Çocuğumuzun Karakteri

Bazı insanlar koca evreni bilirler de kendilerini bilmezler.

LA FONTAİNE

*Elmas nasıl yontulmadan mükemmelleşmezse,
insan da acı çekmeden olgunlaşmaz...*

KONFİÇYUS

Çocuğumuzun karakterini tarif ederken genellikle söze şöyle başlamayı severiz, "dışa dönük, sosyal bir çocuk..." veya "içe dönük, okumayı seven biri"

İçe dönük- dışa dönük ayrımı, psikoloji literatürüne kadar girmiş bir astroloji tanımıdır. Astroloji ve mitoloji konusunda da araştırmaları bilinen jung' un psikolojiye kazandırdığı bir kavramdır.

Sözün burasında sıkça yapılan bir hataya dikkat çekmek istiyorum. Birçok zaman "içe dönük" kavramı, çeşitli kişilik bozukluğu türleriyle sosyal fobilerle veya çekingenlikle karıştırılmaktadır.

Psikoloji ilminde bazen içe dönüklük, özgüven eksikliğinden ve pasifleştirici aile baskısından kaynaklanan bir davranış bozukluğunun adı olarak geçer. Oysa bütün içe dönük kişiler, problemli olmadıkları gibi, bütün dışa dönük kişiler de mükemmel değildir. Örneğin, içe dönük karakter özellikleri sergileyen birçok ünlü şair, felsefeci, yazar ve düşünür vardır. Öte yandan dışa dönük olmakla birlikte, sosyal ilişkilerini derinleştirmeyen, daima gelip geçici ilişkiler yaşayan, iç dünyasında çözümlemesi gereken duyguları bile yersiz bir şekilde dışa vurup tepki toplayan karakterler de görülebilir.

İşin doğrusu, sağlıklı bir insan, hem dış dünyada etken ve girişimci olabilen, hem de yaşadıklarından ne öğrendiğini iç dünyasında değerlendirip, ölçüp biçen, hislerinin farkında olan insandır. Bir başka deyişle olgun ve tam bir insanda iç- dış dengesi yerli yerincedir.

Bununla birlikte herkesin doğuştan getirdiği mizaca ve aile, toplum içinde kazandığı alışkanlıklara bağlı olarak bir karakter yönsemesi vardır.

Biz kitabımızda içe dönüklük- dışa dönüklük derken, iyi veya kötü diye yargılamadan, kişinin ana yönelimini kastedeceğiz. Ancak bu yönelimin, bir yetenek mi, yoksa bir problem mi olduğu, daha çok o kişinin ruhsal düzeyine bağlı olarak gerçekleşecektir.

Dışa Dönük Çocuklar

Dışa dönüklük, kişinin ilgisinin daha çok dış dünyaya yönelmiş olmasıdır. Bu kişilerin enerjisi dış dünyada yaşadıkları olaylara yoğunlaşmıştır. Bu kişiler, kendilerine enerji ve memnuniyet veren kaynakları da yine kendisinin dışındaki etmenlerde ararlar.

Genel özellikleri, yerinde duramayan, işbirlikçi ve sosyal bir kişi olmalarıdır. Daima çok meşgul bir günlük hayata sahip olmak isterler. Etraflarına enerji yayarlar, heyecan ve şevk verirler.

Dışa dönük çocuklar, sesli düşünmeyi tercih ederler. Onlar için konuşmak, bir anlamda kendi düşüncelerini berraklaştırmak demektir.

Yaparak ve yaşayarak öğrenirler. Sürekli olarak hareket halindedirler ve öğrenme etkinliklerine aktif olarak katılmayı isterler.

Başkalarıyla birlikte öğrenmeyi tercih ederler. Sınıftaki ve ailedeki diğer üyelerle fikirlerini ve yaptıkları çalışmalarını paylaşmaktan hoşlanırlar.

Sınıfta ve ev hayatında çeşitlilikten hoşlanırlar. Yenilik, gezmek, yeni yerler görmek, farklı kişilerle tanışmak hoşlarına gider.

Yaptıkları iş ile ilgili olarak anne babalarından, öğretmenlerinden ve sınıftaki arkadaşlarından takdir görmek isterler.

İçe Dönük Çocuklar

İçe dönüklük kişinin kendisine enerji ve güven veren kaynakları yine kendi içindeki etkenlerde aramasıdır. Bu tip kişiler yoğun ve odaklanmış ilişkileri veya olayları tercih ederler.

İçe dönük kişilerin genel özellikleri, tedbirli, ilgili ve düşünceli olmalarıdır.

İçe dönük bir çocuk, başkalarının önünde konuşma riskini göze almadan önce, her şeyi enine boyuna tartmaya, düşünmeye ve süzgeçten geçirmeye ihtiyaç duyar. Bu nedenle konuşmak için atılmaz, bulundukları ortamın sessiz ve düşünceli üyeleridirler.

Güven duyduklarında ve kendi bilgilerinin doğruluğundan emin olduklarında ise, hiç beklenmedik ani ve derin cevapları ile herkesi şaşırtabilirler.

Bağımsız ve özel bir kişiliğe sahip olduklarından dolayı kolayca incinebilirler.

Kendilerine müdahale edilmeden, enerjilerini belli bir zamanda belli bir etkinlik üzerinde yoğunlaştırabilecekleri sessiz bir çalışma ortamına ihtiyaçları vardır.

Öğrenmeye karşı motivasyonları kendi içlerinden gelir. Öğrenirken ya da herhangi bir etkinlikle uğraşırken rahatsız edilmeyi sevmezler. Herhangi bir yardıma ihtiyaçları söz konusu olduğunda ise kendileri araştırmayı tercih ederler.

İçe dönük- dışa dönük tipi dışında, kişilerin karakterine tesir eden başka faktörler de vardır.

Duyusal Çocuklar

Duyusallık, kişinin duyuları yoluyla edindiği tecrübelerine daha fazla önem vermesidir. Duygusallık kişinin, uygulamalı olarak yakın çevresinde olup biten her detaya yoğunlaşarak dikkat göstermesini sağlar.

Duyusal tipler, geleneksel ve tanıdık gelen çevrelerini oluşturan her şeyden hoşlanırlar. Ayakları yere basarak ve gerçekçi bir şekilde hayatla ilişki kurarlar.

Duyusal çocuklar, genellikle belli bir zamanda belli bir aşamayı öğrenirler. Öğrenmede belli bir düzene uymayı tercih ederler. Yeni bir bilgi veya aktiviteye dikkatli bir şekilde yaklaşırlar.

Teorilerden hoşlanmazlar, onları yüzeysel olarak geçmeyi tercih ederler. Duyusal çocuklar, öğrenmek için "pratik bir sebep" ve bu öğrenmeden kazanılan sonucu görmek isterler.

Bu çocuklar, bütün duyuları yoluyla yaparak, yaşayarak, gözleyerek ve gözlediklerini taklit ederek öğrenirler. Adım adım gerçekleştirilen ve yavaş yavaş ilerleyen bir düzende öğrenirler.

Sezgisel Çocuklar

Sezgisellik, kişinin bir teori oluşturarak olayları anlamlı hale getirerek algılamasıdır. Sezgiseller olaylar hakkındaki bilgileri gözden geçirerek, adeta icat edercesine, yine bu olaylar arasındaki ilişkileri farklı bir bakış açısıyla görmeye çalışırlar.

Yoğun deneyimlere, maceralara, değişikliklere ve yeniliklere gereksinim duyarlar.

Sezgisel çocuklar öğretim sürecinde ilerlerken yeni açıklamalar getirmeyi ve yeni yöntemler üretmeyi seven keşifçi kişilerdir. Bu nedenle, kendilerine bir şey anlatılmadan önce, onu tahmin etmeyi yeğlerler.

Kendi projeleri için çok fazla enerji ve zaman harcamaktan ve projelerine kendi orijinal fikirlerini uygulamaktan zevk alırlar.

Çabuk sıkılırlar; neyi, niçin ve nasıl öğrenebilecekleri konularında çeşitlilik ararlar. Ders tekrarlarını arkadaşlarına anlatarak yapmayı severler.

Sezgisel çocuklar, sakin fakat ani ataklarla işe koyulurlar. Enerjileri yoğun ve odaklanmıştır. Proje süresince dikkatleri hafif azalsa bile, projenin sonuna doğru tekrar başlangıçtaki düzeye döner.

Genellikle önemli olmayan detayları atlama eğilimindedirler. Bu detayların, yürüttükleri bir projedeki amaçlarına hizmet ettiğine inanırlarsa, onlara dikkat ederler.

Düşünsel Çocuklar

Düşünsellik, çeşitli olayları ve durumları objektif bir şekilde değerlendirip mantıklı kararlar verme yöntemidir. Bir bireyin mantıklı, gerçekçi, dürüst ve eleştirel düşünebilmesi ve soğukkanlı davranmasını anlatır.

Düşünsel çocuklar, kurallara önem verir, onların herkese uygulanmasını isterler. Başkalarının kayırılmasına veya başkalarına karşı iltimaslı davranılmasına çok kızarlar ve çok çabuk gücenirler.

Rekabetçi ve bağımsız bir yapıya sahiptirler. Kendilerinden emin olmayı ve kazanmayı isterler. Başkaları önünde küçük düşürülerek kendilerinin yetersiz olduklarını hissederlerse, iletişimi kesebilirler.

Mantıken iyi düzenlenmiş program ve çalışmalara ihtiyaç duyarlar.

Duygusal Çocuklar

Duygusallık kişinin hislerine dayalı ve empatik anlayışla değerlendirme yaparken kullandığı; bir yargılama fonksiyonudur. Bireyi, çevresindekilerle iyi ilişkiler kurmaya, onlarla uyum içinde yaşamaya ve sempati ile ilgilenmeye yöneltir.

Duygusal kişiler çoğu zaman idealist ve prensip sahibidirler.

Duygusal çocuklar, çevresinde olup biten her şeyi kişisel olarak algılama eğiliminde olduklarından, herhangi bir konuda fikir tartışması yaşandığında sert ifadelerden kaçınılmalıdır. Bu çocuklar her şeyden önce etrafındakilerden saygı beklerler.

Başkalarını hesaba katmaya, başkalarını önemsemeye ve başkaları ile işbirliği içinde olmaya değer verirler. Yarışmacı ve rekabetçi ortamlardan huzursuz olurlar. Onların davranışlarını motive eden yegane güç, başkalarına yardım etmeyi sevdikleri gerçeğidir.

Duygusal çocuklar öğrenmeyi, hem kendilerinin kişisel gelişimlerine katkıda bulunması hem de insancıl anlamda çevrelerindeki bireylere hizmet etmelerine yardım olması için isterler. Onlar en çok kişisel olarak sevdikleri ve takdir ettikleri kişilerden etkilenirler.

Yargısal Çocuklar

Yargısallık, kişinin hayatla mücadelesinde düzen oluşturmak için kararlılıkla davranma tercihidir. Bu, bireyin bütün enerjisini olayları anlamaktan ziyade onları kontrol etmek için harcamasına neden olur.

Yargısal kişiler, her şeyin daha önceden kararlaştırılmış amaçlar doğrultusunda gerçekleşebileceği düzenli bir dünya oluşturmayı isterler. Çoğunlukla sürprizlerden hoşlanmaz ve başkalarının da kararlaştırılmış amaçlar doğrultusunda çalışmalarını beklerler. Hemen her konuda açık, net ve iyi geliştirilmiş planlara sahiptirler.

Yargısal çocuklar, plan yapmaya ve her şeyin zamanında olmasına önem verirler. Bu nedenle de herhangi bir programın süreciyle ilgili tüm ayrıntıları bilmek isterler.

Başladıkları her işi mutlaka bitirmek isterler. Bir program iptal edilirse yargısal çocuklar kızma, kırgınlık veya küskünlük gibi duygulara kapılırlar.

Yargısal çocukların, yaptıkları çalışmalar hakkında sürekli olarak geribildirime ihtiyaçları vardır. Dile getirdikleri ve yaptıkları her şeyin dikkate alınmasını ve bir değerlendirmeye tabi tutulmasını isterler.

Algısal Çocuklar

Bir bireyin öğrenme merakından veya olayları kavrama ihtiyacından kaynaklanarak dünyayı anlamaya çabalaması tercihidir. Algısal bireyler, sahip oldukları bilgilerin her yönünü araştırıp keşfedinceye kadar belli bir konuda karar vermeyi ertelerler. Üründen ziyade süreç daha ilginç ve cazip geldiği için bitirebileceklerinden daha çok sayıda projelere başlama eğilimindedirler. Artık ilgilerini fazla çekmeyen projeleri de terk edebilirler.

Algısal çocuklar genellikle meraklı ve uyum sağlayan bir yapıya sahiplerdir. Esnek bir hayat tarzını severler. Yapılandırılmışlığa karşı çıkarlar. Sürprizler ve ani değişikliklere açıktırlar. İhtiyaçlar ortaya çıktığında çok iyi baş edebilirler.

Doğal bir merakla motive olurlar. Yeni fikirleri keşfetmeyi severler. Plana dayalı etkinliklerden kaçındıkları için yapılandırılmış her aktivite için cesarete ve desteğe İhtiyaç duyarlar. Değişik fikirlere ve öğretim stillerine açıktırlar.

Çocuğumuzun bu karakter tiplerinden hangisine girdiğini gözlemleyerek öğrenebileceğimiz gibi, burç özelliklerine bağlı olarak hangi gruba yatkın olacağını daha kolay kestirebiliriz. Zaten bu gibi sınıflandırmaları yapmakta astrolojinin sağladığı bazı kolaylıklar vardır. Ancak çocuğumuzun sadece güneş burcundan ibaret olmadığını da unutmamalıyız.

*Sevgi ve acıma insanlık vasfıdır. Hiddet
ve şehvetse hayvanlık vasfıdır.*

MEVLANA

6. Bölüm

Duygusal Zekânın Bileşenleri

Çocukları eleştirmecilerden çok, örneklere ihtiyacı vardır.

JOUBERT

*Ne kadar bilirsen bil, anlatabildiklerin,
karşındakinin anlayabileceği kadardır.*

MEVLANA

Çoklu zeka, kişinin öz yeteneğini tanımak içindir. Bununla birlikte kişinin hangi tür yetenek ve zekaya sahip olursa olsun, kendini tanıması ve geliştirme gücüne sahip olması da ayrı bir zeka türüdür. Buna duygusal zeka denilmektedir.

Duygusal Zekâ kendinin ve karşısındakinin duygularını doğru olarak algılamak, kendi duygularını kontrol edebilmek, uygun davranışları gösterebilmek ve dürüstçe ifade edebilmek; böylece ilişkileri sürdürebilmek olarak tanımlamaktadır.

Uzmanlar duygusal zekanın özelliklerini şöyle özetliyor,

"Duygusal zeka; kendini harekete geçirebilme, aksiliklere rağmen yoluna devam edebilme gücüdür. Dürtülerini kontrol ederek tatmini erteleyebilmek, ruh halini düzenleyebilmek; sıkıntıların sağlıklı düşünmeyi engellemesine izin vermemektir. Ayrıca kendini başkalarının yerine koyabilmek, sosyal becerilere sahip olmak ve umut beslemek de duygusal zekânın unsurları arasındadır."

Çoğu zaman duygusal zeka hayatta başarılı olmamızda çok etkili olmaktadır. Çünkü genel olarak Duygusal Zekâ; sahip olduğumuz bilişsel, sosyal, duygusal, vb. her türlü bilgi ve beceriyi hem kendi hayatımızda, hem de çevremizdeki insanlarla olan ilişkilerimizde ne kadar etkin kullanabildiğimizle ilgilidir.

Uzun zaman başarılı olmanın derecesi zihinsel zekâ ile ölçülürdü. Yapılan son araştırmalara göre ise "duygusal zekâ" insanların kişisel ve mesleki anlamda başarılı olmalarını zihinsel zekâdan çok daha fazla etkilendiğini gösterdi.

Zihinsel zekâ ile duygusal zekâ, birbiriyle etkileşim içinde olan ve birbirlerini tamamlayan özellikler. Mesela bir kişinin zihinsel zekâsı başarılı olmak için elverişli olduğu halde, stresini kontrol altına alamadığı zaman konsantrasyonunu sağlayamamasından dolayı zekâsının bir faydasını göremeyebiliyor.

Bunun tersi de mümkün; zekâ seviyesi orta olduğu halde, amaçlılık, kendini motive etme, öz güven, iyimserlik, hazzı erteleme ve azim gibi özellikler nedeniyle çok çalışabilen bir kişi; beklenenin üzerinde başarılı olabiliyor.

Bu konuda Amerika'da yapılmış bir gözlem de var. Stanford Üniversitesi'nde yapılan önemli bir araştırma özyönetim beceri ve yeterliklerinin kişilerin hayatında ne kadar önemli olabileceğini ortaya koymakta.

"Araştırma kapsamında 4 yaşındaki çocuklara lokum benzeri bir tatlı sunulmuş ve isterlerse bunun hemen yiyebilecekleri, ancak bir süre beklerlerse gelecek olan liderin kendilerine bu tatlılardan iki tane verecekleri söylenmiştir.

Tatlısını hemen yiyen çocuklarla, bekleyen çocuklar 14 yıl sonra tekrar izlendiğinde ortaya önemli farkların çıktığı görülmüştür. Bekleyen çocukların üniversite sınavları aşamasında duygusal açıdan çok daha dengeli ve tutarlı oldukları, stresli durumlarla daha iyi başa çıktıkları, arkadaşları arasında daha çok ilgi gören ve aranan gençler oldukları, iç motivasyonlarının daha yüksek olduğu ve daha çok amaca yönelik davranışlar gösterdikleri saptanmıştır.

Ancak araştırmanın en ilginç bulgusu bu gençlerin en yüksek puanın 1600 olduğu SAT sınavlarında (Türkiye'deki ÖSS), beklemeden yiyenlere kıyasla ortalama 210 puanlık bir üstünlük sağlamaları olmuştur. Bu fark en yüksek ve düşük sosyo-ekonomik ailelerin çocukları arasında veya ilkokul mezunu ailelerle, üniversite mezunu ailelerin çocukları arasındaki farktan daha yüksek bir farktır."

Görüldüğü gibi, dürtülerini kontrol edebilme, hazzı erteleyebilme ve sabretme; hayatta başarılı olmak için çok önemli bir duygusal beceridir ve zihinsel zekayı değerlendirebilmek için de önemli olmaktadır.

> *Herkes düşüncelerinde yanılabilir. Ama aptallar bir türlü yanıldıklarını anlayamazlar.*
> CİCERO

Duygusal Zeka Nasıl Geliştirilebilir?

Duygusal zeka konusunda bilmemiz gereken en önemli konu şu ki; bu zeka türü genetik olmaktan çok, öğrenilebilir, geliştirilebilir bir zeka türü. Bizler çoğu zaman özgüven, sabır, kararlılık, empati, iletişim becerisi gibi yetenekleri huy gibi görürüz. Oysa bu alanlarda mizaçtan kaynaklanan bir eğilim olmakla birlikte, bu eğilim geliştirilebiliyor da. Nasıl ki zihinsel zekâ, bir takım alıştırmalarla, bazı temel bilgileri öğrenme yoluyla aktifleşip gelişiyorsa, duygusal zekâ başlığı altında yer alan beceriler de; öğrenilerek kazanılabilir ve geliştirilebilir.

Her şeyden önce unutmamamız gereken konu şu ki; anne babalar olarak çocuklarımızın duygusal zeka konusunda en önemli örnekleri ve öğretmenleri bizleriz. Bizim duygusal zekâmız ve öz kontrolümüz ne kadar yüksekse çocuğumuza o kadar iyi bir örnek olacağız.

Unutmamalıyız ki, duygusal ve sosyal becerilerini iyi kullanabilen kişiler, yani, kendini ve duygularını iyi bilen, onları kontrol ederek yönetebilen, başkalarının duygularını anlayan ve onlarla ilişkilerini ustalıkla idare edebilenler; hayatlarının hem özel hem de mesleki alanlarında daha avantajlı bir konuma geçerler.

Özel hayatta duygusal zekâ; insanların iş arkadaşları ve aile bireyleri ile iyi anlaşabilmelerini sağlar. Duygularının dizginine sahip kişiler, kendileri ve çevresindekiler ile ilgili sorunları kolayca çözebilir.

Aynı şekilde mesela duygusal zekâsı yüksek bir anne baba; çocuklarını olduğu gibi kabul edip; onları dinleyip anlama yeteneğine sahiptir. Bunun için de sevilirler ve arkadaşça ilişki kurabilirler. Bir kere bunu başarınca onları iyiye yönlendirmekte daha başarılı olacaklardır.

Üstelik duygusal zekânızı geliştirmek size peşin bir mutluluk olarak dönecektir. Duyguları hakkında bilinçli kişiler genellikle kendileri ile de barışıktırlar ve kolay memnun olurlar. Bu sebeple çocuğumuzun duygusal zekâsından önce kendi duygusal zekâmızı kontrol etmekle işe başlamalıyız.

Bunun için ise, şu soruları kendimize sormakla işe başlayabiliriz;

- Duygularımızın farkında mıyız?
- Onları yönetebiliyor muyuz?
- Onları doğru kullanmak bize ne kazandırır?

> *Çocuğu güzel terbiye etmek ve ona güzel bir isim vermek, evladın, baba üzerindeki haklarındandır.*
>
> Hz. Muhammed

Duygularımızın Farkında Olmak

Unutmayalım ki, duyguların farkındalığı bize çok şey kazandırır. Mesela kişinin "kendi kendisiyle konuşmasını" izleyerek, içinden gelen kendini aşağılama gibi olumsuz mesajları yakalaması; bir hissin temelinin farkına varması; korku, kaygı, üzüntü ve öfkeyle baş etmenin yollarını bulması en önemli duygusal zekâ belirtisidir.

Kendini yatıştırma, yoğun kaygılardan, karamsarlıktan ve alınganlıklardan kurtulma yeteneğimizi geliştirebilirsek, hayatın tatsız sürprizlerini daha iyi karşılayabilir, olumsuz deneyimler sonrasında kendimizi daha kolay toparlayabiliriz.

Kendini tanıyan insanlar;

• Güçlü ve zayıf yanlarının farkındadırlar.

• Kendilerini gözlemler, eleştirebilir, kusurlarıyla dalga geçebilirler.

• Sürekli öğrenmeye ve kendini geliştirmeye açıktırlar.

• Hoşgörülüdürler.

• Kendilerinden emin, doğru bildikleri yolda her şeyi göze alabilirler.

• Kararlıdırlar, belirsizliklere ve baskılara karşı durabilir, her durumda (pozitif) olumlu düşünebilirler.

• Değerleri, hedefleri, davranışlarıyla yol göstericidirler.

> *En kuvvetliniz, öfke anında nefsine*
> *hakim olanınızdır.*
>
> Hz. Muhammed

Kendimizi Yönetebilmek

Kendimizi tanımak, bize kendi duygu yoğunluklarımızı yönetme becerisi kazandırır. Kişinin sahip olduğu duygu ve düşüncelerini kontrol edebilmesi, olumlu amaçlar için yönlendirmesi hayatta en lüzumlu beceridir. Bu beceri ile duygularımızın esiri olmaktan kurtulup onları yönlendirebiliyoruz. Örneğin: bir olay bizi çok kızdırdığında, kendi kendimizi sakinleştirerek, yanlış bir karar vermekten veya yanlış bir davranışta bulunmaktan kaçınırız.

Bunun için öz bilinç dediğimiz; kişinin güçlü ve gelişmeye açık yönlerini bilmesi gerekir. Kişi sahip olduklarının farkında olur; düşünce ve davranışlarına rehber olacak şekilde kullanırsa duygularını yönetiyor demektir.

• Duygularını yönetebilen kişiler, hayatlarının sorumluluğunu yüklenebilirler. Ortaya çıkan sonuçlarla ilgili olarak başkalarını suçlama yerine kendini sorgulayabilir. Mesela "bu çocuk hep senin yüzünden böyle oldu" diye eşine çatmaz; kendine düşeni yapıp yapmadığını sorgular.

• Duygusal yönetimi sağlam olanlar tutarlıdır; kararlarını uygular, verdiği sözleri tutar, vaatlerine uyar. Böylece güven uyandırdığından saygı görür.

• Bu arada esnek ve yeni durumlara açık olmak da önemlidir. Kişinin yeni bilgi, yaklaşım ve fikirlere karşı ön yargılı olmadan incelemesi, anlamaya çalışması önemlidir.

> *Birine aşık olmak, birbirinin gözlerine hayran hayran bakmak değil, aynı beyinle aynı hedefe bakmasını bilmektir.*
>
> Amerikan Atasözü

Kendimizi Motive Edebilmek

Duygularını yönetebilen insanlar, kendilerini motive edebilen kişilerdir. İnsanın kendini teşvik edebilmesi, daima başarma isteğine ve heyecanına sahip olmasına motivasyon denir. Bu yetenek özellikle zorlukların çıkmasında veya işlerin istenilenin dışında gelişmesi durumlarında çok faydalı olur. Kendini motive edebilen insan, zorluklar karşısında yılmadan kendinde devam etme gücünü bulur daha metanetli olurlar.

Çocuklarımızın; hayatlarının her döneminde iyiye güzele teşvik edebilmeliyiz. Bunun için ise öncelikle bizler inançlı, iyimser ve kendi hayatımızdan memnun olmalıyız.

Motivasyon, hem kendini hem başkalarını iyimser olmaya, yaşam sevinci duymaya çalışıp çabalamaya yönlendirebilme gücüdür.

• Motivasyon, yaşam sevinci ve başarı odaklılık demektir. Bu nedenle duygusal zekası yüksek kişiler iyimser ve umutludur. Pozitif yönleri görür, geliştirmeye bakar. Negatif yönlerden dolayı hissettiği kaygıyı çabaya dönüştürür.

• Sonuç odaklıdır. Başaracağına inanır. Kendi amaç ve standartlarına ulaşmada yüksek derecede kendini güdüler.

♦ Bu aptalca cesaret demek değildir. Hesaplanmış risk alır. Kendini geliştirmek için amaçlar belirler, bu arada şartları ve imkânları hafifçe zorlamaktan kaçınmaz.

> *Yeni insan, yetersizliğinden hız almış, yeterli olma, aşk ve vecdine sahip olan insandır.*

Empati

Duygusal zekânın önemli bir unsuru da başkalarıyla olan ilişkilerimizi sağlıklı olarak yürütebilmemizdir. Bu hem başarımız hem mutluluğumuz için çok önemlidir.

Eğer kendi hedeflerimizi gerçekleştirmeye odaklanırken başkalarını önemsemezsek, başarılı olmamızın tadını çıkaramayız. Dahası, hayatta her zaman arzu ettiğimiz hedeflere ulaşamayabiliriz; bu durumda tesellimiz çoğu zaman sahip olduğumuz ailemiz, dostlarımızdır.

Ayrıca hedeflediğimiz şeylere ulaşsak bile; çok istememize rağmen onlara ulaştığımızda o kadar da tatmin edici gelmez. İnsana asıl mutluluk hissettiren şey, sevgidir.

Sevgi duygusu, zor elde edilip kolay kaybedilebilen

hassas bir duygudur. Örneğin birçok zaman çocuklarımızı çok severiz ama onların bu sevgiyi anlamadığını düşünür, sıkıntı duyarız.

Bunun nedeni, sevgi anlayışımızın benmerkezci bir sevgi olmasıdır. Mesela çocuklarımızı seviyoruz diye, çok başarılı olmalarını, hayatta pişman olacakları hiç bir şey yapmamalarını istiyoruz. Oysa onlar da kendi hayatlarını yaşamak, kararlarını vermek istiyorlar. Belki bazı hatalar yapıp, kendi derslerini almak istiyorlar. Bizim onları kontrol ediş nedenimizi güvensizlik olarak algılıyorlar.

Empati kurmayı başarmak için, çocuğumuzun rolüne girmeli, onun yerine geçerek adeta olaylara onun gözlüklerinin gerisinden bakmalıyız. Bir kızılderili atasözü "Bir insanı anlamak istiyorsan, gökte üç ay eskiyene kadar onun ayakkabılarıyla dolaşmalısın" der.

Ancak karşımızdaki kişinin rolüne girip halini anladıktan sonra; bu rolden çıkarak kendi yerimize geçebilmeliyiz. Aksi halde empati kurmuş sayılmayız. Yani biz de çocuk gibi düşünelim, hallerini anlayalım derken, anne babalık görevimizi yapmayalım demiyoruz.

Empatide amaç, karşımızdaki kişinin duygularını ve düşüncelerini doğru olarak anlamaktır. Sonra bu anlayışımızı onunla etkin iletişim için değerlendirmeliyiz.

Empatide en önemli kural; karşımızdaki kişiyi anladığımızı iletmemizdir. Eğer karşımızdaki kişinin duygularını anladığımızı ona ifade edemezsek empati kurma sürecini tamamlamış sayılmayız.

Araştırmacılar, insanların zihinlerinde kurdukları empatiyle, karşılarındaki kişiye ilettikleri empati arasında farklılık bulunduğunu belirtmektedirler. Özellikle çocuklar ebeveynlerini anlasalar bile bu durumu iletmekte başarılı olmayabilirler. Bazen bu hatayı biz de yaparız.

> *Muvaffakiyetin bir sırrı varsa başkasının fikrini anlamak ve herşeyi onun gözü ile görmektir.*
> Henry FORD

İletişim Becerisi

Duygusal zekâ için, iyi iletişim kurabilme becerisi, vazgeçilmez unsurlarındandır. Bu iki türlü açıklanabilir. Birincisi insanın kendisini açık ve net olarak ifade edebilme becerisi, diğer taraftan da başkalarını dikkatli dinleme ve ne söylediklerini tam ve doğru olarak anlayabilme becerisidir.

Öncelikle şunu unutmayalım, anne babalar olarak "kendimizi doğru ifade etmekten biz sorumluyuz." Yani çocuklarımıza "Neden beni anlamıyorsun" diyemeyiz; çünkü onlar daha önce anne baba olmadı; ama biz genç olduk.

İletişimde önemli bir unsur dinlemeyi bilmektir. Bilgeler, şöyle demişlerdir;

"Allah her insana iki kulak bir ağız vermiş ki, iki dinlesin bir söylesin."

Dinlemenin bazı kuralları vardır. Çocuklarımızı dinlemek yetmez, onları etkili ve doğru bir şekilde dinlemeliyiz.

Doğru dinlemenin kuralı; öncelikle şu yanlış dinleme şekillerinden kaçınmaktır;

• Çok yapılan bir hata, çocuğun derdini ve hislerini genel kurallar doğrultusunda ölçüp biçmek, birtakım genellemeler yapmaktır. Çok yaptığımız bir hatadır mesela, hemen; "senin yaşındakiler arkadaşlığa çok önem veriyor. Hâlbuki kişi akrandan azar." Gibi, felsefi görüşlere, atasözlerine başvurarak yargılamalar yapılır.

> *Dinlemek insana kendini ölçmek, değerlendirmek imkanı sağlar.*
> FOERSTEN

• Dile getirilen duygu ve düşünceleri; ya da anlatılan olaylardaki durumu eleştirmektir. Ebeveyn kendisini büyük ve hâkim bir konumda gördüğü için, gencin deneyimlerinde hata yakalar. "bak öyle yapmayacaktın işte. Sana her zaman diyorum ama dinlemiyorsun ki. Öyle yaparsan işte böyle olur tabi..."

• Aceleyle akıl vermektir. Özellikle de henüz o yaştaki gencin gösteremeyeceği olgunluklar tavsiye edilir. Kendi hayatımızda nice deneyimlerden sonra aldığımız dersler empoze edilir.

• Teşhis koymaktır. Kendisine anlatılan soruna bir danışman edasıyla yaklaşarak teşhis koyar; örneğin "sen bu kişiye çok fazla önem veriyorsun." Der.

• İyi niyetle yapılan bir hata da, "aynı sorun bende de var" yaklaşımıdır. Karşındakini anlamaya yaklaştığını gösterir ama kendi duygularını karşındakine yansıtmaya doğru giderse hata olur. Mesela "ah bizdeki şans işte, hep böyleleri bizi buluyor. Ben de gönlüme göre bir arkadaş bulamadım." Bunlar da karamsarlığımızı yansıtmaya neden olur, çözüm bulma konusunda işe yaramaz.

Doğru dinleme ve iletişim ise şöyle olmalıdır.

- Kendi duygularını anlatmak. Bu etkili dinlemenin birinci şartıdır. Dinlediğiniz sorun karşısında kendi duygularınızı tutarlı bir şekilde ifade etmektir. Bunun için beden dilinizi de uyumlu kullanmalısınız. Mesela yüzünüzde bir şefkat görüntüsüyle, çocuğunuzun yanına oturup, elinizi omzuna koyarak ya da alışık olduğunuz bir yakınlaşma ile yumuşak bir ses tonuyla, "canım benim, demek böyle oldu ha. Senin için üzüldüm." Denilebilir.

- Desteklemek. Başını sallayarak, "hımm, ne kadar üzücü..." gibi sözler kullanarak duygularını paylaştığını hissettirmek. Onun duygularını paylaşmadığınız sürece çocuğunuz kendini size rahat bir şekilde açmaz. Abarttığını düşünseniz bile, bunun bu yaşlarda normal olduğunu düşünerek anlayış göstermelisiniz.

- Tekrarlamak. Çocuğunuzu gerçekten dinlediğinizi ve anladığınızı belirtmek için, "o günden beri konuşmuyorsunuz öyle mi?" gibi özetle tekrarlamak yararlıdır. Dikkatli dinlenildiğini görünce, kendini ifade etme cesareti kazanır. Bu arada olayın atladığı ya da görmezden geldiği detaylarını da anlatır. Bu da gerçek sorunu teşhis etmesine yardım edebilir. Mesela "geçen yaz da böyle olmuştu. En sevdiğim dostlarım hep böyle yapıyor." Derken; niye hep bu tür sorunları kendisinin yaşadığını düşünmeyi öğrenebilir.

- Soruna eğilmek: Çocuğunuzun derdine sadece üzülmek yeterli olmaz; aksine çaresizmiş gibi hissettirir. Duygularını paylaştıktan sonra, kendini ifade edip rahatladığını görünce, sorunların nedenini bulmasına yardımcı olunmalıdır. Bunun için peşin fikir ileri sürmek yerine, konuya ilişkin sorular sorarak bazı şeyleri kendisinin fark etmesini sağlamalısınız. Yargılamadan, eleştirmeden; "Merve geçen yıl küstüğün arkadaşın değil mi? Daha sonra nasıl barışmıştınız hatırlıyor musun? " yani "daha önce de yaşamıştınız, olur böyle şeyler. Bu dönem geçecektir, yine barışırsınız..." mesajı verebilirsiniz.

- Derin duyguları anlama: Bu basamakta empati kuran kişinin yerine koyarak, onun açıkça ifade ettiği yada etmediği tüm duygularını fark eder ve bu durumu ona ifade eder. Bunun teşhis koyar edayla değil de merhametle ve şefkatle yapmalısınız. Mesela "sen arkadaşlarınla bu tür sorunları hep yaşıyorsun". Değil; "kızım, çok hassassın; tabi bu normal; hatta güzel bir şey. Her kes birbirini anlasın, düşünceli olsun istiyorsun. Keşke öyle olsa; olur inşaallah; ümidini yitirme. Karşına senin gibi anlayışlı kişiler de çıkacaktır."

İyi iletişim için bir çözüm de "ben" ile başlayan cümleler kurmaktır, "sen"le başlayan cümleler yerine.

Mesela çocuğunuza bir konuda izin vermediniz ve oldukça kızgın. Bu noktada, "sen ne kadar gezmeyi seviyorsun." "sen bu zamanın tehlikelerini bilmiyorsun" cümleleri yerine aynı cümleler şöyle kurulabilir, "yavrum, ben senin için endişe ediyorum." "anne baba olmak çok zor, ilerde pişman olacağın bir şeyin olmasından korkuyorum". "ben de bir zamanlar anne babama kızardım, ama şimdi onları anlıyorum".

Benle kurulan cümleler kendi duygularınızı anlatmaya yarar; "sen"le başlayan cümleler ise çoğu zaman yargılayıcıdır.

> *Olgunluk yönünden gelişmiş ve kişisel bütünlüğünü kazanmış birey, karşıdakini yargılamadan dinlemesini bilir.*

Sosyal Yetkinlik

Sosyal Yetkinlik duygusal zekâ göstergelerinden biridir. İnsanların başkalarıyla ilişki kurabilmesi ve bu ilişkilerin uzun süre geçerliliğini koruyabilmesi becerilerini kapsar.

Her insanın sosyalleşme yeteneği farklıdır. Bazıları biriyle tanışmada çok rahat bir şekilde ilk adımı atarken bazıları girişimi karşısındakinden bekler. Kimisi kısa zamanda kaynaşırken kimisi bir süre mesafesini korur. Bazısı ilişkilerde yönlendiricidir, kimisi uyum göstericidir. Bunlar tek başına iyi veya kötü özellik sayılmazlar, hepsinin iyi veya kötü yanları olabilir.

Ancak asla bir ilişki başlatamayacak kadar aşırı utangaçlık göstermek bir özgüven problemidir. Aynı şekilde sosyalleşmeye ihtiyaç duymama, kimseye güvenmeme, bağlılık duymama gibi durumlar da sağlıklı davranışlar değildir.

Bu gibi sosyalleşme problemleri çoğu zaman anne veya babadan örnek alınarak aktarılır. Tıpkı sosyalleşme becerisinin örnek alınması gibi.

Bunun nedeni, anne babaların hiç farkında olmadan kaygılarını, kuşkularını yetersizlik fikirlerini çocuklarına aktarmalarıdır. Aynı şekilde özgüveni, iyimserliği, insanlara değer vermek ve güven duymayı da aktarırız.

Sosyalleşme becerisi iş hayatını da etkiler. Çünkü bir takım oluşturabilme, takım ruhunu sağlayabilme ve bu takımı yönetme becerisini gösterme de bu yetkinlik ile olur.

> *Çok keyifli anınızda kimseye bir şey vaad etmeyin. Çok öfkeli anınızda kimseye yanıt vermeyin.*
>
> ÇİN ATASÖZÜ

Çocuğunuzun Duyguları

- Duygularınızın farkında olun ve sözel olarak ifade edin, böylece çocuğunuza model olun. Onun da duygularını ifade etmesini teşvik edin.

- Akşamları ailece bir araya gelip "bugün benim için en güzel şey............, bugün canımı sıkan şey ...." gibi paylaşımları yapabileceğiniz fırsatlar oluşturun.

- Aile albümüne birlikte bakın, resimlere ilişkin konuşun, o resim çekilirken neler hissettiğinizi anlatın.

- Masal kahramanları ile empati kurmalarına yardımcı olun.

- Çocuğunuz bir olay anlattığında "ne hissettiğini"

sorun, böylece duygularını fark etmelerini sağlayın.

- Çocuğunuz size nasıl hissettiğinden bahsettiğinde ona yakın dikkat gösterin ve daha sonra sizinle paylaştıklarını ona geri yansıtın. Anladığınızı belli edin.

- Çocuğunuzun duygusal tepkilerini red etmeyin, alay etmeyin, yargılamayın. Duygularını ifade edebileceği güvenli bir ilişki geliştirin.

- Çocuğunuz, öfke, engellenme gibi duygular yaşarken onları anladığınızı ve kendisini kontrol etmesini beklediğinizi belli edin. Bunun için, sakinleşinceye kadar yalnız bırakın, daha sonra serinkanlılıkla konuşun.

- Çocuğunuza duygularıyla çok daha iyi başa çıkabileceğini, yoğun duygusal rollerden kendisini soyutlayabileceğini gösterin. Bunun için siz de bunu başarabilmelisiniz. Onun bunu başarmasını takdir edin.

- Duygu günlüğü tutmasını teşvik edin.

- Çocuğunuzun başarılarını teşvik edin. Bunun için ödül vermek yerine başarılı olduğunda duyduğu güzel duyguyu fark etmesini sağlayın. Motivasyonunu geliştirin.

- Kendi kararlarını alması, kendine ilişkin planlar yapmasını teşvik edin. Bunları uygulamasını destekleyin. Sonuçlara ilişkin sorumluluğu almasına izin verin.

- Bağımsızlığını kazanmasını destekleyin. Çantasını dolabını kendisi düzenlemesi gerektiğini öğretin. Yaşına uygun bir şekilde kendi ihtiyaçlarını gidermesini sağlayın.

- Bazı isteklerini belli bir süre "ertelemenin" gerekli olduğunu görmesini ve değerlendirmesini sağlayın. Sabrı öğretmenin tek yolu, yavaş yavaş alıştırmaktır.

- Akranları ile arkadaş olmasına ve paylaşımda bulunmasına uygun ortamlar hazırlayın.

> *Kusursuz dost arayan dostsuz kalır*
>
> Mevlana

Kendisi İle Barışık Olan Birey Nasıldır?

> *İnsana, "Kendini bil", demek, yalnız gururunu kırmak değil, değerini de bildirmektir.*
>
> Çiçero

Birçok insan gerçek yaşamlarında bir maskenin arkasında yaşarlar. Gerçekte oldukları gibi davranmazlar, nerdeyse kendilerine yabancılaşmışlardır. Düşündüklerinden ve hissettiklerinden farklı bir davranış sergilerler. Farklı bir ses tonu ile konuşurlar, mimikleri de kendilerini yansıtmaz.

Olduğu gibi davranmayan insan, başkalarına kendi iç dünyasından bahsetmek istemez. Gerçekte olduğu gibi görünmeye ve davranmaya hazır değildir. Davranışları savunma şeklindedir.

Başkalarının kendi iç dünyalarına girmesine izin vermez. Olduğundan farklı görünmek için çok çaba sarf eder. İç dünyalarında korkulu, gergin ve heyecanlı oldukları zaman çevrelerine karşı soğuk ve mesafeli davranırlar.

Kişinin çevresine olduğundan farklı görünmesi onu olumsuz etkiler. Ruhsal ve bedensel işlevleri olumsuz etkilenir. Kendisi devamlı yorgundur. Kendini koruyan kalkanı muhafaza edebilmek için devamlı ruhsal enerji harcar.

Rol yapan insan iki farklı dünyada aynı anda yaşar, biri gerçek dünyası diğeri rol yaptığı dünyası. İkisi birbirinden belirgin bir şekilde farklıdır.

Zamanla kendisinin nasıl bir kişiliğe sahip olduğunu unutur. Takındığı maske onu ne kadar yorsa da onu çıkaramaz. Bu durumdan kurtulmayı bilemez, biraz rahat hareket etmeyi beceremez.

> *Olgun insan güzel söz söyleyen değil söylediğini yapan ve yapabileceklerini söyleyendir.*
> Konfiçyus

Gerçek duygularını yaşamayan birey diğer bireylerle, derin, rahat, insancıl ilişkiler kuramaz. Diğer insanların da kendisinin davrandığı gibi davranacağına inanır. Diğer insanlara güveni yoktur.

Bu tutuma sahip kişilerin çoğu, ailesi tarafından fazlaca eleştirilmiş, baskılanmış, mükemmel olmaya zorlanmış kişiler oldukları görülebilir. Ailenin çocuğunu kabul etmemesi, içtenlikle iletişim kurmaması, duygularını ifade etmesine izin vermemesi söz ettiğimiz gibi maskeli bir kişilik yapısı ortaya çıkarır. Oysa böyle bir kişi geçici başarılar elde etse bile uzun süre başarısını sürdüremez. Hatta sağlığını bile kaybedebilir. Stresse bağlı bir çok rahatsızlık ve hastalığa eğilimlidir.

Oysa birey açık olur, gerçekçi davranır, düşündüğü gibi hareket ederse, kendisini kısıtlanmış hissetmez. Ses tonu ve mimikleri ile kendini iç dünyasını yansıtır. Kişiliğinin parçalarını saklamaya kalkmaz.

Böyle bir insan başkalarının normlarına ve beklentilerine göre davranmaz. Özgür ve açık yüreklidir. Kendini başkalarına rahatça açabilir. Olduğu gibi davranabilir, bir maske arkasına gizlenmez. Kendine yabancı değildir.

Duygularını diğer insanlarla paylaşan kişi duygularının daha çok farkına varır. Duygularının farkında olan kişi yaşantılarının anlamını hisseder. Kendi davranışları hakkında daha fazla bilgiye sahip olur. Geçmişteki olumsuzluklara ya da geleceğin bilinmezliğine takılmaktansa günlük yaşama odaklanılırsa ruh sağlığı için daha iyidir. Ne kadar çok "şimdi ve burada" yaşanırsa o kadar çok "var oluş" felsefesi benimsenmiş olur.

Böyle rahat ve içten kişilerin, hem kendilerine güvendikleri, hem de insanların güvenini kazandıkları görülür. Güçlü ve başkalarına önderlik edebilen insanlar, güven duygusu sağlam temellere dayanan insanlardır.

Çocuklarımızın bu şekilde yetişmelerinde aile olarak benimseyeceğimiz tutum çok önemlidir.

Kendini herkese uydurmak için yontmaya koyulanlar, sonunda yontula yontula tükenip giderler.

R. Hull

> *Düşüncelerle karşılaşınca, zayıflar korkar, aptallar karşı gelir, akıllılar karar verir.*
>
> J.ROLAND

7. Bölüm

Anne Babanın Tutumu

Hoşgörü, yapılan her şeyin kolayca kabul edilip onaylanması değildir. Hoşgörü, başkalarının görüşlerini anlama yeteneği ve acı bir duygu beslemeden, anlayışlı bir tartışma arzusudur.

Macintosh

> *Başkasından üstün olmamız önemli değildir*
> *önemli olan dünkü halimizden*
> *üstün olmamızdır.*
>
> Hint Atasözü

Anne babaların çocuğuna takınmayı adeta haline getirdiği tavır, onların ilerideki karakter özelliklerini belirliyor. Mesela aşırı otoriter ailelerin çocukları gizlice suç işlemeye eğilimli, aşırı hoşgörülü annelerin çocukları doyumsuz ve mutsuz, kaygılı annelerin çocukları ise cesaretsiz ve içe dönük yetişiyor.

Kusursuz bir anne baba olmak belki mümkün değil değil, ama büyük hataları tekrar tekrar yapmaktan kaçınarak iyi bir anne baba olmak mümkün.

Modern psikoloji, anne babaları takındığı ana tutuma bağlı olarak aşırı korumacı, mükemmeliyetçi, hoşgörülü, agresif veya fazla otoriter anne ve babalar olarak sınıflandırıyor. Bu tutumlar, çocuğun eğilimli olduğu kişilik bozukluklarını tetikleyebiliyorlar.

Örneğin, çocuk, duygu ve ihtiyaçlarını açıklamakta çekingen, anne baba ise ihmalkar veya baskıcı ise, çocuğun kendini ifade etme güçlüğü daha da pekişiyor. Aynı şekilde çocuk ürkek ve kaygılı, anne baba aşırı koruyucu ise bağımlı bir kişilik yapısına sebep olabiliyor. Tam tersi, anne baba şımartıcı, çocuk ilgi çekme meraklısı ise, çocukta dikkatini görevine ve amaçlarına yoğunlaştırma problemi görülebiliyor.

Kısacası, çocuğun kişiliğinin mükemmelleşmesi anne baba tutumuna bağlı.

Aşırı Hoşgörülü Anne

Çocuğun yanlış davranışlarına bile göz yuman, önemli kararları bile tamamen çocuğa bırakan anneler, bu gruba giriyor. Bu tip anneler çocuk ne yaparsa yapsın hiç ceza vermez, hangi tutumu sergilerse sergilesin kabullenirler. Çocuğun her isteğini yapmaya ve izin vermeye eğilimlidirler. Çocukla ilgili çevreden gelen şikayet ve eleştirileri ciddiye almaz, savunucu bir tutum sergilerler.

Bu tip anneler koşulsuz sevgi konusunu yanlış anlamış gibidirler. Oysa koşulsuz sevgi, çocuk ne yaparsa yapsın hoş görmek demek değildir. Çocuğumuzu sevmemiz başka bir şeydir, davranışlarını kabul etmemiz başka bir şeydir. Gerçek sevgi, sevdiği kişinin iyiliğini düşünmeyi ve onu hayata hazırlamayı da gerektirir.

Hoşgörüsünü yerinde kullanan annenin çocuğu sakin, özgüveni gelişmiş ve kendiyle barışık olurken, aşırı hoşgörülü annenin çocuğu hırçın, öfkeli, şımarık ve çevrenin beklentilerine karşı duyarsız gelişir.

Anneleri kendine sınır çizmediği için disiplinsiz yetişen çocuk ileriki yaşamında doyumsuz ve mutsuz olur. Özellikle sorumluluk duygusu zayıf çocuklar bu anne tipinden daha fazla olumsuz etkilenirler.

Aşırı Disiplinli ve Otoriter Anne

Bu anneler hoşgörülü annelerin tam tersidir. Çocuğun her isteğine hayır demeye eğilimlidirler. Çocuğa hükmetmeyi seven, esnekliği olmayan, emir verici bu anneler, her konuda çocuk yerine karar vermek isterler. Çocuğun istek ve eleştirilerine kapalı bir tutum sergileyerek kendisini ifade etmesine izin vermezler.

Böyle annelerin çocuğu sevgi ihtiyacını karşılayamıyor. Anne şefkatini hissedemeyen çocukta duygusal gelişim aksıyor. Benlik algısı düşük gelişen bu çocuk, ya çok pasif ve çekingen oluyor yahut ailesinden öğrendiği şekilde katı ve duygusuz olabiliyor. Ayrıca bu tip çocukların duyguları gelişmemiş olduğundan saldırganlık eğiliminde olabiliyorlar. Sinsice suç işledikleri de görülebiliyor.

Annesinden yeterince sevgi görmeyen çocuklar, sevgi ihtiyaçlarını gidermek için, alternatif arıyorlar. Eğer çocuğun öz kontrol yeteneği ve değer duygusu zayıf ise, kötü bir çevreye yönelerek, sevgiyi ve kabullenilmeyi orada arayabiliyor.

Ayrıca çocuğuna sık sık bağıran, hatta döven, agresif anneler de bulunuyor. Bunların bir kısmı belli bir disiplin sağlamaktan da öte, sırf hıncını çıkarmak için çocuğunu tartaklayabiliyor.

Böyle annelerin çocuğu ya gördüğü şiddeti başkalarına yansıtıyor, ya da ikiyüzlü ve yalancı yetişiyor. Yetişkin olduğunda da öfkesini kontrol edemeyen, agresif ve kavgacı kişiler haline geliyor. Mizacına bağlı olarak bazen de bu çocuklar haklarını savunamayan bireyler oluyorlar. Tartışmadan kaçınarak teslimiyetçi davranıyorlar.

> *İster kral, ister köylü olsun, dünyada en mutlu insan evinde huzur olandır.*
>
> Goethe

Korkulu-Kaygılı Anne

Annelerin çocukları ve kendileri için bazı tehlikelerden korkmaları tabidir. Mesela hemen her anne, temizliğini ve içinde ne olduğunu bilmediği bir yemeği yememesi için çocuğunu uyarır. Mikroplardan kaçınmasını temin etmeye çalışır. Aşırı sıcak ve soğuktan, rutubetten korur. Kavgaya karışmasını istemez, kötü çevreden kaçınmasını sağlar. Başıboş hayvanlara karşı dikkatli olmasını öğütler. Bunlar bir anne için doğal kaygılardır. Ama bazen bu kaygılar kontrolden çıkar, aşırı boyutlara ulaşır.

Mesela temizlik kaygısı ile sürekli elini yıkayan, komşularının ikramlarını bile yemeyen, her şeyden kuşkulanan bir anne, çocuğunu da sürekli uyarılarıyla kısıtlar. "Bilmediğin şeyi neden yiyorsun." "Tanımadığın kişilerle neden konuşuyorsun?" "Koşma düşeceksin. Terli terli su içme hastalanacaksın."

Bu gibi uyarıları çocuğun ileri yaşlarında bile sürdüren, aşırı kontrolcü anneler, çocuğunun cesaretini olumsuz yönde etkiliyor.

Temizlik, hijyen ve düzeni abartan, takıntılı annelerin çocuklarında da benzer veya farklı takıntı eğilimleri görülebiliyor. Mükemmeliyetçi, defterindeki yazıyı tekrar tekrar silip yazan, oyuncaklarını rafta hep aynı düzenle dizen çocuklar ortaya çıkıyor. Yada mizacına bağlı olarak tam tersi bir tepkiyle çocuk, bütün düzen ve kuralları gereksiz görebiliyor.

Ayrıca fobi ve kaygıları olan anneler bunları çocuğuna yansıtabiliyor. Hayvanlardan, asansörden, gök gürültüsünden korkan annelerin çocuklarında da aynı fobiler görülebiliyor.

Çocuklarını disipline etmek niyetiyle, öcüden, köpekten, dişçiden doktordan korkutan anneler de var. "Yaramazlık yaparsan doktor iğne yapar" gibi sözlerle yersiz korkular tetiklenebiliyor.

> *Güler yüz altın anahtardır.*
> Maculay

Aşırı Koruyucu Anne

Çocuğunun bağımsız bir kişilik geliştirmesini engelleyecek kadar, onu her türlü tehlikeden korumaya çalışan anneler bu gruba giriyor. Bu tip anneler, çocuklarını ileri yaşlarına kadar alışverişe, tek başına oyun oynamaya göndermiyorlar.

Çocuğu başına bir şey gelecek diye hiçbir yere tek başına gönderemeyen, bisiklete binmesine veya yüzmesine izin vermeyen anneler, çocuğun gelişimini olumsuz etkiliyorlar. Bu tip çocuklar eğer mizaçlarında eğilim varsa, kendine güvensiz ve bağımlı olabiliyor. Hayatlarını yürütmeyi beceremiyorlar. Bazen bu tip çocuklar, mizaçları gereği özgürlüklerini ispata kalkışıp aşırı riskli yaramazlıklar yapabiliyorlar.

Yine bu tip anneler, çocuğunun kendi işini kendi halletmesini desteklemiyor. Mesela öğretmeniyle konuşacağı bir konu varsa, gidip anne konuşuyor. Çocuk bir arkadaşı tarafından rahatsız edildiyse arkadaşının annesine gidip şikayette bulunuyor. Böylece çocuğu kırılgan ve güçsüz bir şekilde yetiştiren bu anneler, onun sürekli anne bağımlısı olmasına neden oluyor.

Bu annelerin çocukları sosyalleşemiyor, toplum önünde kendi hakkını savunamıyor, bir görevi yüklenmek için öne çıkmaya cesaret edemiyor. Çocuğun bağımsızlık ve özgüven geliştirmesini engelleyerek hayat boyunca başkalarına bağımlı olmasına neden oluyorlar.

> *Çocuklarınızı, kendi bulunduğumuz zamandan başka zaman için hazırlayınız, onları yaşayacakları zamana göre bilgilendiriniz.*
>
> Hz. Ali

Aşırı Rahat Yönelimli Anne

Aşırı kaygısız annelerin çocuğu ise hayatta öğrenmesi gereken kuralları anneden öğrenemiyor. Doğru ile yanlışı ayırt edemeyen çocuk, gerek iş, gerekse özel yaşamında kuralsız davranıyor. Gereksiz risk alıyor.

Bu tip anneler çocuklarına ilgi ve sevgiyle yaklaşsalar da, genellikle konulması gereken sınırları koymazlar. Kendi yaşayamadıkları şeyleri çocukları yaşasın, özlemini çektiği şeylerden çocukları mahrum kalmasın isterler. Ama çocuk kendi kendine sınır koymayı bilemez. Tecrübesizliğinden dolayı geriye dönüşü ve telafisi çok zor olabilecek deneyimlere sürüklenebilir.

Bu tip anneler çocuklarının uygunsuz bir çevreye karışmasını, yanlış alışkanlıklar edinmesini bile görmezden gelirler. Mesela bira, sigara içmek, kumar oynamak, uygunsuz kişilerle haşır neşir olmak gibi davranışlara, "bu zamanın icabı" diye aldırış etmezler.

Belli sınırları öğrettikten sonra özgürlüğe alıştırılan çocuk, özgür ruhlu, öz denetimli ve kendi yeteneklerini geliştirebilen, orijinal kişiler olurlar. Ancak, iyi-kötü, doğru yanlış diye bir ayrım öğretmeyecek kadar çocuğu başıboş bırakmak da iyi değildir. Bu şekilde kendi haline bırakılan çocuklar ortama uymakta zorlanır, dürtülerini denetlemede ve sorumluluk kabul etmede isteksiz davranırlar.

Belli sınırlar ve kuralların olması çocuğun zihinsel ve ruhsal gelişiminde yararlıdır. Çocuğun önüne açık ve net sınırlar konulmazsa çocuğun aklı karışır, kendini güvensiz hissedebilir.

Çocuğun hayatı deneme yanılma yöntemiyle öğrenmesi mümkün değildir. Bir çocuk bütün bir yılını eğlenerek, boşa zaman geçirerek harcadıktan sonra kötü bir karneyle geldiğinde bir anne ne yapacaktır.

Eğer anne çocuğunun yaşadıklarına karşı kayıtsız kalır, adeta "kendin ettin, kendin buldun" der gibi davranırsa çocuk için daha büyük sorunlar başlayacaktır. Çocuk mizacına bağlı olarak ya kendisine kurallar koyan ve ona otoritesini hissettiren çevreye yönelecektir, ya da kendisini kapıp koyuverecektir. Çünkü çocukların kendilerine kural koyan, kurallara uyduğu zaman takdir eden otoritelere de ihtiyacı vardır.

Babaların davranışları da anneler kadar önemli. Çocuk anneden görerek birçok alışkanlık edindiği gibi, babanın ilgi ve takdirini kazanmak için de birçok davranış tipi öğrenebiliyor. Babalar küçük yaştaki çocuklar için, ideal insan tipi, örnek ve ulaşılmaz bir idol olarak görülüyor. Aynı zamanda baba, güven unsuru, güç ve para kaynağı olarak çocuğun iç huzurunda büyük önem taşıyor.

> *İnsanın kafasından bilgisizliği gidermeyi başarırsak, insanların hareketlerindeki kötülüğü yok etmiş oluruz.*
> Sokrates

Aşırı Otoriter Baba

Otoriter babalar itaate değer verirler. Onlara göre hayatın nasıl yaşanacağı kurallarla kontrol edilir, her şey önceden katı bir şekilde şekillendirilir. Esneklikten yoksun, aşırı kuralları olan babalar, çocuğun kişiliğini ve tercihini göstermesini engelleyebiliyorlar.

Böyle bir babanın çocuğu, kendini nasıl yöneteceğini öğrendiğinden değil, ama cezadan korktuğu için itaat etmeyi öğrenir. Bu durum ise, içten denetimli, yani kendini kontrol edebileni yönetebilen bir birey değil, dıştan yönetimli, yani başkasının kontrol ettiği bir bireyi ortaya çıkarır.

Bu tarz eğitim özellikle günümüz toplum yapısına aykırıdır. Çünkü artık yeniliklere ve seçme hakkına değer verilmektedir. Sürekli emir almayı kabullenir şekilde yetiştirilen çocuk, gelecekte de kendi başına hareket edemez hale gelir ve sürekli onu bir başkasının yönetmesini bekler.

Genellikle bu tip babalar, sevgisini göstermeyen, mesafeli kişiler oluyorlar. Böyle babaların çocukları mizaçlarına bağlı olarak ya çok pasif ya da tüm kuralları çiğneyen, aşırı öfkeli bir insan olabiliyor.

Aşırı otoriter baba, en küçük bir itirazı bile büyük bir başkaldırı olarak görebiliyor. Bu durumda çocuklarının isyanını şiddetli cezalarla yıldırma yoluna gidebiliyor. Oysa özellikle bedensel cezalar, çocukta problemlerin şiddetle çözümlenmesi gerektiğine dair bir kanaat uyandırdığından, büyük sorunlara yol açabiliyor.

> *İnsan doğasının en derin ilkesi takdir edilmeye duyulan iştahtır.*
>
> William JAMES

Sorumluluk Duygusu Gelişmemiş Baba

Aileyi terk etmiş, boşanmış ve daha sonra çocuğuyla ilgilenmemiş, yada aynı evde yaşadığı halde çocuğunun kaça gittiğini bile bilmeyen babalar, çocuğun duygusal gelişiminde boşluğa neden oluyorlar. Çünkü çocukların aileye güven duyması, sorumluluk duygusu geliştirmesi, takdir edilen davranışlara yönelmesi baba ilgisiyle ve otoritesi ile mümkün.

Bu gruba giren bazı babalar çocuklarına kayıtsız şartsız bir sevgi sunarlar. Ancak unutulmamalı ki, hafta sonları sinemaya götüren, her istediğini alan ve yapan bir baba, baba çocuk ilişkisi açısından yeterli değildir. Bir babanın çocuğuna sevgi gösterdiği kadar, onunla ilgili gelişmeleri takip etmesi uyması gereken bir takım kurallar belirlemesi de ihmal edilmemelidir.

Babaların, çocuklarının gelişimiyle ilgili konularda sorumluluk almaları çok önemlidir. Çocuk hangi okula gidiyor, dersleri nasıl, hangi alana ilgi duyuyor gibi konularda çocuğu hakkında bilgi sahibi olmayan, kararlarda hiçbir payı bulunmayan bir baba çocuk için güven uyandırmıyor. Çocuğuyla ilgili sorumluluklardan kaçan babalar ile çocukları arasında uçurum oluyor ve onu "yabancı" gibi görüyor.

Mükemmeliyetçi Baba

Bu tip babalar, çocuklarından çok büyük başarılar ve olgun hareketler beklerler. Onların çocuk olduğunu, henüz hayatın acemisi olduğunu görmez, hiçbir hatayı hoş görmezler.

Kendi çapında başarıları olan çocuklarını takdir etmeyen bu babalar, daima, "neden sınıf birincisi olamadın?" "neden tam not alamadın?" "neden bisiklete daha iyi binemiyorsun? Neden yüzemiyorsun?" gibi, eleştirilerde bulunurlar.

Zayıf veya orta halli çocuğa tahammülleri olmayan bu babalar, daima süper çocuk misyonu beklerler. Küçük başarılara hemen dudak bükerler. Çocuğunun mükemmel olmasını isteyen bu babalar, çocuğuna şartlı bir sevgi gösterirler.

Çocukta yersiz ve aşırı kaygıların gelişmesine sebep olan bu babalar, aslında çocukların başarısını olumsuz etkilerler. Çünkü çocukların öz güven geliştirmeleri takdir görmelerine bağlıdır. Çocuk, kendi çapında bir başarı gösterdiği halde takdir edilmeyince büsbütün boş verebilir.

Bu tip babaların çocukları bazen, isteneni vermek adına sosyalleşmekten mahrum kalıyor. Yaşının gereği duygu gelişimini yaşayamıyor, heyecan ve tutkularını bastırıyor. Hayattan zevk almayan, mutsuz ve duygusuz bireyler olabiliyorlar. Hayatta başarılı olsalar bile manen tatmin olmuyor, acı çekiyorlar.

> *Payına düşenle tatmin olan yoksul bir adam, kendi payını yetersiz bulan bir zenginden daha mutludur.*
>
> Dennis Prager

Aşırı Hoşgörülü Baba

Babalar, çocuğun gözünde önemli bir otorite imgesi olduğu için, kural koymak, doğruyu yanlışı ve sınırları belirlemek daha çok babadan bekleniyor. Aşırı hoşgörülü babalar, bu görevlerini yeterince yapmayan babalar.

Çocuğuna karşı zaafları olan, terbiye etme gücü bulunmayan bu babalar, çocuğun güvenini ve saygısını kazanamıyorlar. Bu çocuklar, babanın sınırlarını test etmek için, gece geç saatlere kadar eve gelmeme, sigara, alkol kullanma, okulu asma gibi uç davranışlara yönelebiliyor. Hala çocuğunu hoş gören bir baba, ona en büyük kötülüğü yapmış oluyor.

Çocuklar, kuralları net ve makul olan bir babaya güven duyuyorlar. Böyle babaların çocuklarında babanın boşluğunu dolduracak, yaşça kendinden biraz daha büyük veya karizmatik bir lider arayışı görülüyor. Bu tip babalar, annenin otoriter olmasına neden olabildiği için, erkek çocuklarda rol model bozukluğuna sebep oluyorlar.

Aşırı Koruyucu Baba

Bu tip babaların güven sorunu olduğu için çocuğunun bağımsız bir kişilik geliştirmesine izin vermiyor. Çocuğun mizacı eğilimli ise, pasif bir kişilik geliştirebiliyor. Böyle çocuklar yaşamı boyunca bağımsız davranmakta ve sosyalleşmede başarı gösteremiyor. Bazen de çocuk, ileride eşi, patronu gibi kişilerden sürekli babalık ve korunma bekliyor. Dış güdümlü bir şekilde davranıyor, desteklenmeden hiçbir adım atamıyor.

Duygu Cimrisi Baba

Çoğu zaman bu özellik babadan oğla miras kalıyor. Duygusuz veya duygularını göstermeyen babalar, genellikle kendi babalarından da sevgi görmemiş oluyorlar. Özellikle erkek çocukları babayı örnek aldıkları için, böyle bir çocuk duygularını ifade etmeyi öğrenemiyor. Hatta kişilik yönünden eğilimli ise, hiç "sevgi enerjisi" alamadığı için sevme yeteneği gelişmemiş oluyor. İlişkilerinde hesapçı veya narsist eğilimli olduğundan, gerçek bir ilişki kuramıyor.

8. Bölüm

Zeka Oyunları

Çocuk doldurulacak bir kap değil, ısıtılacak bir ocaktır.

Danner

ZEKA OYUNLARI

Zeka Oyunlarının Faydaları

Zeka oyunlarının genellikle zihinsel açıdan olumlu etkilerinden bahsedebiliriz. Çocuklar bu oyunlarla birçok zihinsel işlemi öğrenebilir. Yakınlık, sıralama, zaman, yer gibi kavramların yanında sınıflandırma, eşlleştirme, analiz, sentez ve problem çözme gibi işlemleri öğrenme şansı elde eder.

- **Teyzem Çarşıya Gitti**

Kaç kişiyle oynanır: Oyuncu sayısı önemli değildir.
Malzemeler: Her hangi bir malzeme gerekmemektedir
Nasıl oynanır: İlk oyuncu "Teyzem çarşıya gitti ve... (A harfi ile bafllayan bir nesne)aldı."der. İkinci oyuncu bu cümleyi tekrarlayıp A harfi ile başlayan yeni bir nesnenin adını söyler. Ve bu şekilde tüm nesneler sırayla söylenmeye çalışılır. Yani söylenen tüm nesneleri anımsayarak ve her seferinde yeni bir nesne adı ekleyerek devam etmesi gerekir. Sözcük bulamayan ya da geciken oyundan çıkar.

- **Babam Çin'den Geldi**

Kaç kişiyle oynanır: Oyuncu sayısı önemli değildir.
Malzemeler: Her hangi bir malzeme gerekmemektedir.
Nasıl oynanır: Oyunu başlatan oyuncu "Babam Çin'den geldi." Dedikten sonra yanındaki "Ne getirdi?" diye sorar. Yanıt "Bisiklet" ise tüm oyuncular pedal çevirir gibi yaparlar. Oyun bu şekilde hareketle gösterilebilecek nesnelerle devam eder.

- **Çağrışım oyunu**

Kaç kişiyle oynanır: Oyuncu sayısı önemli değildir.
Malzemeler: Her hangi bir malzeme gerekmemektedir.
Nasıl oynanır: Oyunculardan biri aklına ilk gelen sözcüğü söyler. Sonraki oyuncu söylenen bu sözcüğün çağrıştırdığı bir kelime söyler. Oyun bu şekilde birbirini çağrıştıran sözcükler-

le devam eder. Böylece bir sözcük zinciri oluşturulur. İlgisiz sözcük söyleyen oyuncu oyun dışı kalır. Her oyuncu üç sözcük söyledikten sonra oyun durur ve zincirin hiçbir halkası atlanılmadan geriye doğru ilk sözcüğe ulaşılmaya çalışılır.

- **Bellek oyunu**

Kaç kişiyle oynanır: Oyuncu sayısı önemli değildir.

Malzemeler: 20 değişik nesne ve bir tepsi, kâğıt, kalem.

Nasıl oynanır: Nesneler tepsi içinde herkese bir dakika süreyle gösterilir. Seçilen nesneler kolay akılda kalacak türden olmamasına dikkat edilmelidir. Tepsi ortadan kaldırılır ve her oyuncu aklında kalan nesnelerin adlarını yazar. En çok nesne adı yazan oyunun galibi olur.

- **Tadını Anlama Oyunu**

Kaç kişiyle oynanır: En fazla 10 kişiyle oynanır.

Malzemeler: 6 bardak ve içinde değişik içecekler

Nasıl oynanır: Altı bardağın içine değişik içecekler konulur. Oyuncuların gözleri bağlanarak içecekler tattırılır. Oyuncular tattığı içeceği bulmaya çalışırlar.

- **Ne Kokuyor Oyunu**

Kaç kişiyle oynanır: En fazla 10 kişiyle oynanır.

Malzemeler: Fincan tabakları, adaçayı, nane, kekik, tütün vb. kokusu olan şeyler

Nasıl oynanır: Fincan tabaklarına yukarıda saydığımız nesneler konulur. Her tabağın üzeri bir bez parçasıyla örtülür. Oyuncular tabağın içindeki nesneleri koklayarak anlamaya çalışırlar.

- **Ses algılama Oyunu**

Kaç kişiyle oynanır: En fazla 10 kişiyle oynanır.

Malzemeler: Değişik ses çıkarabilecek türden nesneler.

Nasıl oynanır: Önce oyuncuların gözleri bağlanır. Oyuncular, tahta bir yüzeye bırakılan nesnelerin sesinden onların ne olduğunu anlamaya çalışırlar.

HEPSİÇOCUK YAYINLARI

Çocuk Eğitimi Dizisi

Sevgi Diliyle Çocuk Eğitimi
Hatice K. Ergin - Uzm. Psik. Dan. Salim Köse

Zeka Türüne Göre Çocuk Eğitimi
Hatice K. Ergin - Uzm. Psik. Dan. Salim Köse

Burçlara Göre Çocuk Eğitimi
Hatice K. Ergin - Uzm. Psik. Dan. Salim Köse

Kişilik Özelliklerine Göre Çocuk Eğitimi
Sertaç Sehlikoğlu Karakaş

Sorunlu Çocukların Eğitimi
Hatice K. Ergin - Uzm. Psik. Dan. Salim Köse

Masal Dizisi

Küçük Hanımlara Masal Keyfi
Demirhan Kadıoğlu - Uzm. Psik. Dan. Salim Köse

Küçük Beylere Masal Keyfi
Demirhan Kadıoğlu - Uzm. Psik. Dan. Salim Köse

Küçük Hanımlara Müzikli Masallar (Kitap + CD)
Demirhan Kadıoğlu - Uzm. Psik. Dan. Salim Köse

Küçük Beylere Müzikli Masallar (Kitap + CD)
Demirhan Kadıoğlu - Uzm. Psik. Dan. Salim Köse

Küçük Hanımlara Dünya Masalları (Kitap + VCD)
Çocuk Eğitimi ve Gelişimi Uzmanı Nilgün Güler

Küçük Beylere Dünya Masalları (Kitap + VCD)
Çocuk Eğitimi ve Gelişimi Uzmanı Nilgün Güler